JN088939

はじめに

　この教科書は、ロールプレイングゲーム（RPG）をコンセプトに、主体的にフランス語を学習できるように作られました。本書にはたくさんのゲームが散りばめられています。楽しみながらレベルアップして気がついたらフランス語ができるようになっている、それが私たち著者の願いです。この物語の登場人物になりきって大いに遊び、楽しんでください。1年後にはフランス語を自在に操れる勇者になっているはずです。

ものがたり

　西暦20××年、近未来。人々は一見普通に暮らしているように見える。しかし、突然無差別な殺人事件が起きたり、異文化排除を叫ぶ団体が台頭したりするなど、世の中は殺伐とした雰囲気に包まれていた。この状況の背後には、WANOという謎の組織の暗躍があった。彼らは人々に、世界共通語である「統一言語」« langue universelle »を学ぶよう強要する。この言葉をうまく操れる者は、エリートとして各国を牛耳ることになる。しかしそうでない者は、母語でも十分な表現や意思の疎通ができなくなり、自分の世界に引きこもるか、あるいは、他者に対し極端に攻撃的になってしまう。WANOは、犯罪を防ぐことを名目に、監視カメラで人々の生活をすみずみまで見張る。WANOに感化された権力者たちは反対意見を意に介さず、思うままに政治を動かしている。WANOの真の目的は、一部の選ばれし者たちのみで世界を支配することにあった。

　これに気づいた人々は、WANOに抵抗しようとする。厳しい監視体制をかいくぐるため、「純真な心と勇気を持つ者のみ感知できる通信手段」を駆使して仲間を集める。この物語の主人公Masamuneは、ふとしたことがきっかけで抵抗組織のリーダーVladimirを知る。Amadou, Sarahとともに厳しい訓練によって勇者となったMasamuneは、WANOに戦いを挑む。

音声ダウンロード＆ストリーミングサービス（無料）のご案内

https://www.sanshusha.co.jp/onsei/isbn/9784384220568/

本書の音声データは、上記アドレスよりダウンロードおよびストリーミング再生ができます。ぜひご利用ください。

Download

Streaming

Masamune

この物語の主人公。20歳の学生。この時代、日本では「統一言語」 « langue universelle » 以外の言語は教えられなくなっている。文学や思想に興味を持ちフランス語を勉強しようとしたが、秘密警察から執拗な妨害を受ける。身の危険を感じた彼はフランスの街 Dijon に逃れてきた。集中力と実行力があるが怒りっぽい。

Vladimir

32歳の芸術家。祖国はかつて多言語多文化の民族が共生する平和な国家だった。しかし、WANO の策略で内戦が起きたため亡命し、フランス国籍を取得する。赤いひげと髪が特徴。控えめな性格だが、酒を飲むと陽気になる。彼の作るオブジェには不思議な力があり、心を癒し共感した仲間を引き寄せる。

Sarah

笑顔が素敵な18歳。知性に富み、忍耐力に優れている。4歳のとき、不法移民としてやってきた親から引き離され、ベルギー（Belgique）で育てられる。料理人になるのが夢。

Amadou

スポーツが好きな25歳。フランスの高校で数学を教えている。冷静沈着でいつも柔軟な判断を下すことができる。相手のことを気遣う繊細で優しい一面がある。サッカーとダンスが得意。

Monsieur Lunettes

日本の大学でフランス語を教えていたことがあるらしい。国籍不明。失職したためフランスで、「言語体育研究所」を立ち上げ、所長を務めている。頓珍漢なところがあるおとぼけ教授。

Mademoiselle Fleurs

Monsieur Lunettes の助手。かなり天然なところがある。不思議な能力を持っていて、意外なところで Masamune たちを助ける。

Takeshi

重要な局面で現れ、Masamuneたちを救ってくれる強力な味方。神出鬼没で敵をかく乱させる。食いしん坊で食べ歩きが趣味。けなされると狂暴になる。

Monsieur Croissant

職人気質で仕事をこよなく愛している。小さな店の裏に秘密の工房を持っており、抵抗組織のためのさまざまなアイテムを制作している。ダイエット中。

Les enfants

「純真な心と勇気を持つ者のみ感知できる通信手段」によってつながっている子どもたち。リーダーはmonsieur Croissantの息子。Dijonの街を熟知している。

Les Manteaux Gris

灰色のコートをまとった謎の集団。実はVladimirが率いる古参戦士の部隊で、WANOを倒す機会をうかがっている。

Artichaut

WANOのボス。La tour des Étoiles（星の塔）を拠点に、世界を完全に支配しようと魔の手を広げる。傲慢で自信過剰。誰もが自分の価値観に賛同し、服従すると考えている。

Carotte

Artichautの腹心。Dijon支部のリーダー。頭脳明晰だが皮肉っぽい。ムチを使ってMasamuneたちを攻撃する。

Radis

大勢の手下を率いて、力づくの攻撃をかけるのが得意。常に威圧的だが、それは臆病さの裏返しでもある。何を考えているかわからない不気味さを持つ。

Endive

部下を信頼せず、一人で作戦を立てる傾向がある。ナルシストな策士で、卑怯な手をしばしば使う。策に溺れて自滅することがある。

Table des matières 目次

Mission	Page	Savoir-faire	Vocabulaire	Grammaire
1. Qui es-tu ? 君は誰だ？	1	・自己紹介ができる ・相手や第三者の名前、国籍、職業について話せる ・挨拶し、人と知り合いになる	・アルファベ ・国籍（1） ・職業（1） ・数詞1〜20	・名詞の性 ・動詞êtreの活用 ・主語人称代名詞
2. Une héroïne dans l'équipe もう一人の勇者	5	・複数の人、目上の人、親しい人に挨拶ができる ・年齢や国籍、容姿を描写できる ・人の持ち物を描写できる ・カフェで注文できる	・数詞21〜29 ・年齢 ・国籍（2） ・飲み物 ・衣服・持ち物 ・色	・不定冠詞と定冠詞 ・名詞の複数形 ・形容詞 ・動詞avoirの活用 ・強勢形人称代名詞
3. Connaissez vos ennemis ! 敵を知れ！	9	・名前、国籍、好きなものを尋ねることができる ・兄弟・姉妹について話せる ・話せる言語を伝えられる	・国名 ・言語 ・職業（2）	・疑問文 ・否定文 ・quelによる疑問文／qu'est-ce queによる疑問文 ・所有形容詞 ・er動詞の活用
4. Aux armes ! 武器をとれ！	13	・位置関係を伝えられる ・店で注文できる ・値段を言うことができる ・理由を述べることができる ・命令することができる	・位置を表す表現（1） ・食べ物 ・職業（3） ・数詞30〜69	・前置詞と冠詞の縮約 ・動詞aller, finirの活用 ・命令法 ・疑問詞où
5. Maîtrisez vos armes ! 武器を使いこなせ！	17	・体調を尋ねることができる ・人や物事を比較することができる ・職業を尋ねることができる ・趣味や好みを尋ねることができる	・食事（1） ・体調（1） ・武器 ・職業（4） ・1日の時間帯	・動詞faireの活用 ・否定形ne … plusとne … que ・部分冠詞 ・否定のde ・否定疑問文とその答え方 ・一部が不規則に活用するer動詞 ・比較級と最上級

Mission	Page	Savoir-faire	Vocabulaire	Grammaire
6. La rencontre avec le maître 師匠のもとへ	21	・時間を言うことができる ・場所を尋ねることができる ・考えを述べることができる ・今からすることを伝えられる	・時刻 ・身体的特徴・性格 ・数詞70～100 ・食事（2） ・生活・習慣	・近接未来形 ・代名動詞 ・非人称のil ・不定代名詞on ・指示形容詞 ・特別な形をもつ形容詞 ・動詞 venir, croire, partir, espérerの活用 ・疑問形容詞pourquoiと接続詞句parce que
7. Situation de crise 大ピンチだ！	25	・知識や情報を尋ねることができる ・相手に行動を要求できる ・道案内ができる	・アクセサリー ・素材 ・序数詞 ・方向	・直接・間接目的語人称代名詞 ・動詞connaître, rendre, prendreの活用 ・指示代名詞celui ・非人称構文（il faut ～）
8. Devenons plus forts ! パワーを獲得せよ！	29	・自分の要求を伝えることができる ・言葉の意味を尋ねることができる ・身体の状態を伝えることができる ・終えたばかりのことを伝えられる	・身体の部位 ・体調（2）	・動詞vouloir, díre, s'asseoirの活用 ・近接過去形
9. Préparons-nous à la bataille ! 臨戦態勢	33	・過去に起こったことを伝えられる ・好きなもの、嫌いなものを伝えられる ・身体的特徴・性格、好みを描写できる	・位置を表す表現（2） ・性格 ・好み（1）	・直説法複合過去形（助動詞avoirをとる場合） ・過去分詞 ・動詞devoir, pouvoir, mettreの活用 ・前置詞derrièreとdevant ・中性代名詞en, y
10. Combat sur la place Darcy ダルシー広場の戦い	37	・曜日と時を伝えられる ・過去に起こったことを伝えられる	・曜日 ・時	・直説法複合過去形（助動詞êtreをとる場合） ・動詞savoirの活用 ・faire + 不定詞 ・受動態 ・疑問詞qui

Mission	Page	Savoir-faire	Vocabulaire	Grammaire
11. À la recherche de Владимир Владимирを探せ！	41	・移動手段を伝えられる ・天候を表現できる ・過去の出来事を描写できる	・天候 ・移動手段 ・交通	・中性代名詞 le ・直説法半過去形 ・移動手段をあらわす前置詞
12. Vers la tour des Étoiles エトワール塔に向かえ	45	・未来について話すことができる ・感情を表現することができる ・感想を言える ・ものを位置づけることができる	・感想を伝える表現 ・料理 ・日付、時間 ・100以上の数 ・位置を表す表現（3）	・直説法単純未来形 ・接続詞 si ・関係代名詞 qui, que, dont, où
13. Où est votre chef ? ボスはどこだ？	49	・指示に従って身体を動かすことができる ・位置情報を理解することができる	・階数 ・動作を表す表現 ・感情を表す表現（1）	・現在分詞 ・ジェロンディフ ・感嘆文
14. La bataille de la tour des Étoiles エトワール塔の戦い	53	・他人の意見に賛成／反対することができる ・文章の論理性を理解することができる	・好み（2） ・意志 ・体調（3）	・所有代名詞 ・条件法現在形
15. Le chant de l'espoir 希望のうた	57	・本書の学習内容がマスターできている ・将来について語ることができる	・住居 ・感情を表す表現（2） ・感謝を伝える表現	・接続法現在形 ・ce que による名詞節

本書の使い方

1 授業への参加について

- 授業の主役はあくまでも学生で、教員は進行役です。積極的に参加してください。
- 授業は主に3人のグループ活動を通じて進められます。
- 与えられたépreuve（試練）を自分たちで乗り越える力を身につけることが、この教科書の大きな目的のひとつです。そのため、épreuveに取り組んでいるときは、教員からの説明や解説は最小限に留められます。
- わからないことがあった場合は、挟み込みの別冊『Grimoire de français』をヒントに、まずは自分たちで問題を解決するよう努めてください。

2 グループ分けについて

- 授業の冒頭で、毎回違う人とグループを作ります。1グループは3人です。

【グループの作り方（例）】

たとえば30人のクラスであれば、10グループ作ります。任意の人から（たとえば教室の右端にいる人、一番前にいる人など）順番にun(1)〜dix(10)まで一人ずつフランス語で数字を言っていき、同じ数字を言った人同士でグループを作ります。

※受講者数によっては、2人・4人のグループができても構いません。

3 リーダーの決定と役割について

- グループ分けが終わったら、その日のリーダーを決めてください。リーダーの役割は主に以下の4点です。
  ① 配役（Masamune, Sarah, Amadouなど）を決める。
  ② グループで音読するとき、最初に行う。
  ③ 話し合いのとき、最初に意見を述べる。
  ④ グループの作業を分担し、発表をとりしきる。

【リーダーを決定する方法（例）】

  ① 大学の一番近くに住んでいる人、または遠くに住んでいる人。
  ② 名前のABC順、あるいはその逆。
  ③ 荷物が一番重い人、あるいは軽い人。
  ④ 最も早く、あるいは最も遅くに起きた人。
  ⑤ 昨夜一番カロリーの高いものを食べた人。

Mission 1

Qui es-tu ?

君はだれだ？

4月のある日、Dijonの蚤の市。Masamuneは骨董商の店先で、気になるオブジェを見つける。

1
CD1-01

Masamune	:	Bonjour !
Vendeur	:	Bonjour.
Masamune	:	C'est joli. C'est combien ?
Vendeur	:	9 euros.
Masamune	:	Voilà.
Vendeur	:	Merci monsieur. Au revoir.
Masamune	:	Au revoir.

2
CD1-02

Masamuneは、なぜか気になるそのオブジェを買った。その夜、眠ろうとしていたMasamuneの頭に不思議な歌が響いてきた。見れば、オブジェはかすかな青い光に包まれている。思わずメロディーにのせて歌ってしまう。

A B C D E F G H I J K L M N
O P Q R S T U V W X Y Z

(3) CD1-03 **épreuve 2**

歌い終わった Masamune の頭の中に、誰かの声が響く。落ち着いた穏やかな男性の声だ。
まず1人で音声を聞き、その後、グループでその内容について話し合え。

Bonjour. Je m'appelle Vladimir, V.L.A.D.I.M.I.R.

(4) CD1-04 **épreuve 3**

Vladimir からのメッセージは何だろうか？
聞こえてくる地名をヒントに、グループで会話するんだ。

J'habite à Paris. Et toi ?

(5) CD1-05 **épreuve 4**

Vladimir は何かを伝えようとしているようだ。
他の単語を手がかりに空欄を埋め、グループで確認するんだ。ペアになっている単語がどんな規則で変
化しているのかを答えろ。

étudiant ⇔ étudiante　　japonais ⇔ japonaise　　français ⇔ ＿＿＿＿＿　　ami ⇔ ＿＿＿＿＿

Mission 1

6
CD1-06

épreuve 5

オブジェから文字が浮かび上がり、声が聞こえてくる。そのメッセージを解読しろ！
まず、1人で音声を聞き、わかった情報をメモしろ。次に、それをグループで共有するんだ。

Je m'appelle Vladimir. Je suis français. Je suis artiste. J'habite à Paris.
Tu t'appelles Masamune. Tu es japonais. Tu es étudiant. Tu habites à Dijon.
Il s'appelle Amadou. Il est sénégalais. Il est professeur. Il habite aussi à Dijon.
Nous sommes amis.

7
CD1-07

épreuve 6

声は、Masamune が次に会うべき人物について語り始めた。それは、世界の言語を統一し、支配
しようとする組織WANOに抵抗する者だ。いったいどんな人物だろうか。
グループで音声を3回聞き、1回ごとに聞き取れた内容を共有し、下から正しい情報を選べ。

Il s'appelle (**A**). Il est (**B**). Il est (**C**).
Il est de (**D**). Il habite à (**E**). Son numéro de téléphone, c'est
le (**F**).

A. 1) Amadoe　　2) Amadou　　3) Amadu　　4) Madou
B. 1) algérien　　2) congolais　　3) marocain　　4) sénégalais
C. 1) acteur　　2) chanteur　　3) fonctionnaire　　4) professeur
D. 1) Dakar　　2) Dublin　　3) Osaka　　4) Dunkerque
E. 1) Dijon　　2) Lyon　　3) Marseille　　4) Nice
F. 1) 00 10 14 15 07　　2) 00 15 09 11 17
　　3) 00 18 12 16 09　　4) 00 04 19 03 13

(8)
CD1-08

メッセージを読み解いた Masamune は、Amadou と出会った。肩幅の広い、笑顔の優しい青年だ。彼は Masamune の手を固く握った。

Masamune の言葉を参考に、Amadou の言葉を完成させろ。次に、音声を聞きながら Masamune、Amadou になって自己紹介しろ。

Masamune : Bonjour. Je m'appelle Masamune. Je suis japonais. Je suis

étudiant. Je suis de Sendai. J'habite à Dijon.

Amadou : Bonjour. Je (　　　　　　　　　　　　　　).

Je (　　　　　　　　　　　　　　).

Je (　　　　　　　　　　　　　　).

Je (　　　　　　　　　　　　　　).

J' (　　　　　　　　　　　　　　).

Masamune のレベルが上がった。Amadou が Masamune の仲間になった。これから彼らの言葉を守るための冒険と戦いが始まる。しかし、実は仲間がもう1人いる。Masamune たちはその人物を見つけられるだろうか。

Salutations 挨拶

フランスで挨拶するときは、一般的に男性同士なら握手して、親しい男女や女性同士なら bise（ビズ：頬にキスをすること）をするわ。回数は地方によって違うのよ。それからお店に入るときは必ず Bonjour、帰るときは Au revoir と言って出ていってね！日本人は店員に「こんにちは」「さよなら」を言わないから忘れがちだけど、フランスではお店でも挨拶をすることはとっても大事よ。

Une héroïne dans l'équipe !

もう一人の勇者

Vladimirからの呼びかけで新しい仲間を探すため、Masamuneはカフェで待ち合わせをしていた。約束の時間に行くと、入り口に近い席にAmadouがゆったりと座っていた。

CD1-09

Masamune : Bonjour.

Amadou : Bonjour. Comment vas-tu ?

Masamune : Je vais très bien, merci. Et toi ?

Amadou : Moi aussi. Tu as le message de Vladimir ?

Masamune : Oui. Voilà le message.

CD1-10

Masamuneは、もう1人の仲間の情報を書き留めたVladimirからのメモと、写真をAmadouに見せた。

まず、1人で音声を聞き、1)〜4) のどの人物について話しているのか、グループで考えろ。

Salut. C'est Vladimir. J'ai un message pour vous.

Voici une amie. Elle s'appelle Sarah.

Elle a 18 ans. Elle a un pantalon noir.

Elle est petite. Elle a des chaussures rouges.

1)    2)    3)    4)

CD1-11

Masamuneたちのテーブルに、店員がオーダーを取りに来た。大きな目が印象的な女の子だ。微笑みを浮かべて話しかけてくる。
グループで音声を聞き、会話を音読しろ。次に、店員、Amadou、Masamuneの3人になり、下線部を入れ替えて、自由に注文のやりとりをしろ。

Serveuse : Bonjour messieurs.

Amadou et Masamune : Bonjour.

Serveuse : Vous désirez ?

Masamune : <u>Un jus d'orange</u>, s'il vous plaît.

Amadou : Pour moi, <u>une limonade</u>, s'il vous plaît.

un chocolat un jus de pomme une orange pressée une bière un coca un thé un café

CD1-12

飲み物がテーブルに届けられた。さっきと同じ店員だ。Masamuneは何かが心に引っかかる。Amadouも首をかしげている。もしかして…。

Serveuse : Voici les boissons.

Amadou et Masamune : Merci... Sa...Sarah ?

Serveuse : Oui, c'est moi. Vous êtes Amadou et Masamune ?

こうして、AmadouとMasamuneは新しい仲間、Sarahを見つけることができた！
グループでそれぞれ3人の登場人物になって、以下の情報を用いて自己紹介文を作れ。
これまでに習った内容を参考にするんだ。次に、クラスで発表しろ。

Masamune : 学生、仙台(Sendai)出身、20歳

Amadou : 教師、ダカール(Dakar)出身、25歳

Sarah : カフェ店員、ブリュッセル(Bruxelles)出身、18歳

Mission 2

(13) CD1-13 **épreuve 4**

MasamuneがSarahに話しかけたが、誤解が生じてSarahが怒ってしまった。どうしてだろうか？
音声を聞いて怒った理由を予想し、グループで共有しろ。そして答えを下から選べ。

Masamune : Tu es français ?

Amadou : Il faut dire « française » !

Masamune : Ah, je suis désolé. Tu es française ?

Sarah : Mais non, je suis belge !

Amadou : Hahaha, le français est difficile !

① AmadouとMasamuneがSarahの国籍を間違えたから。

② AmadouとMasamuneがSarahの性別を間違えたから。

③ Masamuneのフランス語が難しくて理解できなかったから。

④ AmadouとMasamuneがSarahのフランス語を笑ったから。

正解 [   ]

(14) CD1-14 **épreuve 5**

出会いに喜ぶMasamuneたちを、物陰から敵意に満ちた目で見ている怪しい影が3つある。
WANOの手先だ！彼らはひそかにMasamuneたちの特徴を書き留めた。
右ページのイラストを参考に、3人の姿を描写しろ。次に、作った文をグループでチェックするんだ。

Masamune a _____

Amadou a _____

Sarah a _____

物 : un sac　　　un cahier　　　un carnet　　　un stylo　　　un pantalon
　　 une cravate　　une robe　　　un tablier　　　une montre
　　 des chaussures

色 : rouge(s)　　bleu(e)(s)　　vert(e)(s)　　blanc(he)(s)
　　 noir(e)(s)　　gris(e)(s)　　marron

Masamuneたちのレベルが上がった。Masamuneは年齢、持ち物が言えるようになった。Sarah が Masamune たちの仲間になった。しかし、敵が Masamune たちを監視していることにはまだ気付いていない。危機が迫っている！

Au café カフェ
フランス人はカフェのテラス席に座っておしゃべりするのが大好き。飲み物はカウンターで立って飲むのと、席に座って飲むのとでは値段が違うことがあるのよ。そうそう、フランスでcaféって言ったらエスプレッソのことで、量が2〜3口分しかないわよ。ちなみに私のお気に入りはchocolat chaud（ホットココア）よ。

Mission 3

Connaissez vos ennemis !

敵を知れ！

15
CD1-15
ある日、オブジェが激しく明滅し、Vladimirからのメッセージが届いた。彼の声は今までになく
緊張している。世界の言語をたった1つにしようという組織WANOが、服従しない者に対して強
硬手段をとるというのだ。

Attention !

Ils sont méchants et ils ont des armes.

Ils aiment le pouvoir et ils aiment dominer le monde.

MasamuneはあわててAmadouとSarahに会いに行った。しかし3人とも、待ち伏せしていた
WANOのメンバーに捕まってしまう。Carotte、Endive、Radisと名乗った敵はMasamune
たちを捕らえ、牢屋に閉じ込めて1人ずつ尋問する。

Carotte	: Nous avons des questions pour toi.
Endive	: Quel est ton nom ?
Masamune	: Je m'appelle Masamune.
Radis	: Quelle est ta nationalité ?
Masamune	: Je suis japonais.
Carotte	: Tu aimes WANO ?
Endive	: Est-ce que tu aimes WANO ?
Radis	: Aimes-tu WANO ?
Masamune	: Non, je déteste WANO !

16
CD1-16
épreuve 1

Amadouも尋問され、以下のように答えた。いったいどのような質問をされたのだろうか？
次の①〜④の質問文に対する答えをA〜Dから選び、気がついたことをグループで確認するんだ。

① Avez-vous des frères et sœurs ?　　② Vous parlez anglais ?

③ Est-ce que vous êtes étudiant ?　　④ Vous aimez le sport ?

A. Oui, j'ai une petite sœur.　　　　**B.** Non, je ne suis pas étudiant.

C. Oui, j'aime le football.　　　　　**D.** Oui, je parle anglais.

9　neuf

17
CD1-17

Masamune、Amadou、Sarahは協力して、牢屋から逃げ出した。しかし、外に出るには６つの門（porte）を突破する必要がある。脱出のパスワードをVladimirが教えてくれた！以下の呪文を１分以内に唱えて、すべての門を開けろ！ ただし、門のパスワードはMasamune → Amadou → Sarahの順に言わなければ開かないぞ。

1ère porte je parle → tu parles → il parle → elle parle →
nous parlons → vous parlez → ils parlent → elles parlent

2^{éme} porte je donne → tu donnes → il donne → elle donne →
nous donnons → vous donnez → ils donnent → elles donnent

3^{éme} porte j'habite → tu habites → il habite → elle habite →
nous habitons → vous habitez → ils habitent → elles habitent

4ème porte je chante → tu chantes → il chante → elle chante →
nous chantons → vous chantez → ils chantent → elles
chantent

5ème porte j'aime → tu aimes → il aime → elle aime →
nous aimons → vous aimez → ils aiment → elles aiment

6ème porte je travaille → tu travailles → il travaille → elle travaille →
nous travaillons → vous travaillez → ils travaillent → elles
travaillent

18
CD1-18
épreuve 3

ようやく3人は牢屋から脱出することができた！ 困難を乗り越えたことで、より仲が深まった。
3人の会話を聞き、表を埋めよう。兄弟・姉妹がいる場合は○、いない場合は×を、また彼らの職業も
書け。次に、Masamune、Amadou、Sarahの好きなもの・ことを書け。

	兄弟・姉妹	兄弟・姉妹の職業	好きなもの・こと
Masamune			
Amadou			
Sarah			

Masamune : Vous avez des frères et sœurs ?

Amadou : Oui, j'ai un frère. Il est lycéen. Et toi, Masamune ?

Masamune : J'ai un frère et une sœur. Mon frère travaille dans une banque et
ma sœur est médecin.

Sarah : Moi, je suis enfant unique, mais j'ai un chat. Je cherche mes
parents.

(...)

Amadou : Qu'est-ce que vous aimez ? Moi, j'aime le sport.

Masamune : Moi, j'aime les pains au chocolat.

Sarah : Et moi, j'aime chanter et faire la cuisine.

19
CD1-19

épreuve 4

次回のピンチに備えて、鞄の中に入れておくものを決め、中身を確認しておこう。
今まで習得した単語の中から、鞄に入れるものを6個決めろ。次に、例文にならい、
Masamune→Sarah→Amadou の順に言え。ただし、①～⑥の同じ数字には同じものが入らなければ
ならない。グループで暗唱できるようになるまで、Mission は終わらないぞ！

Masamune : Dans notre sac, il y a (①).

Sarah : Dans notre sac, il y a (①) et (②).

Amadou : Dans notre sac, il y a (①), (②) et (③).

Masamune : Dans notre sac, il y a (①), (②), (③) et (④).

Sarah : Dans notre sac, il y a (①), (②), (③), (④) et (⑤).

Amadou : Dans notre sac, il y a (①), (②), (③), (④), (⑤)
et (⑥).

Masamune たちのレベルが上がった。脱出のパスワードを素早く言えるようになった。鞄の中に
入っている持ち物を覚えた。家族に関することや、好きなものが言えるようになった。仲間のこと
がお互いよりよくわかり、親密になった。

Mariage et famille 結婚・家族
フランスでは、家族関係の結び方に関して3つの選択肢があるの。
それは、日本のように法律婚するか、PACS（連帯市民協約）とい
う関係を結ぶか、法的な手続きを踏まない union libre（ユニオン・
リーブル）という事実婚をするかよ。PACS は 1999 年に制定され
た「同性または異性の成人2人による共同生活を送るために締結さ
れる契約」で、これによって異性カップルだけでなく同性カップル
にも社会的地位が認められ、相続や税金の支払いに関して結婚に準
じる権利が得られるようになったの。また、フランスの 72 万世帯
の家族は famillle recomposée（再構成家族）よ。これは全体の約
9％で、150 万人の子どもたちが含まれているわ。その半数は、産
みのお母さんと義理のお父さんと一緒に生活しているのよ。

Aux armes !

武器をとれ!

WANOの魔の手から辛くも逃れた3人だが、何も持ってない今のままではやられてしまう。まず武器が必要だ。どうやって手に入れたらいいのだろう？ Vladimir のメッセージが届く。誰から武器をもらえばいいのかグループで共有しろ。

20 CD1-20

Monsieur Croissant a des cadeaux pour vous.

Ce sont des armes. Allez-y !

21 CD1-21  *épreuve 1*

協力者 monsieur Croissant はどこにいるのだろう？
まず、(　　　) 内の語を正しい形に直せ。次に、グループで分担して文を解読した後、居場所を以下の地図A〜Dから選べ！

Masamune va (**à le**) magasin de monsieur Croissant avec Sarah et Amadou. Son magasin est à côté (**de le**) cinéma, en face (**de le**) hôtel.

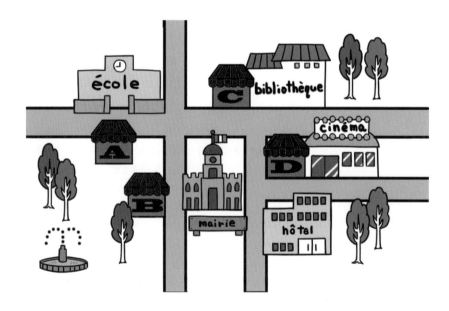

22
CD1-22

Monsieur Croissantは以下の４人のうちの誰だろうか？
食べ物・飲み物をあらわす語に注意しながら会話を聞き、1)〜4) から選べ。

Monsieur Croissant : Bonjour. Vous désirez ?

Masamune　　　　: Bonjour. Une baguette et trois pains au chocolat, s'il vous plaît.

Monsieur Croissant : Avec ceci ?

Sarah　　　　: Je voudrais un chou à la crème et une tarte aux cerises, s'il vous plaît.

Monsieur Croissant : Ce sera tout ?

Amadou　　　　: Oui.

Monsieur Croissant : Très bien. 17€55, s'il vous plaît.

Masamune　　　　: Vous n'avez pas de cadeaux pour nous ?

Monsieur Croissant : Si, dans les sachets.

Masamune, Sarah et Amadou : Mais qu'est-ce que c'est ?

1) un poissonnier　　2) un boulanger-　　3) un boucher　　4) un sommelier
　　　　　　　　　　　　　pâtissier

袋の中から３つのアクセサリーが出てきた！ Masamuneはペンダント、Amadouは指輪、
Sarahはブレスレットを手に入れた。

23
CD1-23

Monsieur Croissantの作るパンはどれも最高においしい！ もっとたくさん食べて体力をつけておこう。
会話の（　　　　）に次のページの単語を自由に入れ、絵と音声を参考にグループで練習しろ。最後に、
クラスで発表しろ。

Monsieur Croissant : Rebonjour. Vous désirez ?

Masamune : Bonjour. (　　　　　　　　) et (　　　　　　　), s'il vous plaît.

Monsieur Croissant : Avec ceci ?

Sarah : Je voudrais (　　　　　　　) et (　　　　　　　), s'il vous plaît.

Monsieur Croissant : Ce sera tout ?

Amadou : Oui.

Monsieur Croissant : Très bien. (　　€　　), s'il vous plaît.

un pain aux raisins
(1€20)

une baguette
(1€)

un pain de campagne
(2€10)

une brioche
(1€60)

un gâteau au chocolat
(3€)

un millefeuille
(2€50)

un macaron
(2€)

une tarte au citron
(2€30)

un croissant
(1€)

un sandwich au jambon
(4€50)

une quiche
(3€40)

(24) CD1-24

épreuve 4

MasamuneがSarah、Amadouと別れて1人で歩いていると、突然WANOのCarotte、Endive、RadisがMasamuneに襲いかかってきた。世界の言語を統一しようとする彼らは、Masamuneになぜフランス語を学ぶのかと詰め寄る。Masamuneは何と答えるだろう。

まず1人で考え、（　　　）に入る語を①〜⑮から選べ。次に、考えたことをグループで共有し、クラスで発表しろ。

Endive : Tu vas où ?

Masamune : Je vais à la fac.

Radis : Qu'est-ce que tu étudies ?

Masamune : J'étudie le français.

Carotte : C'est nul !

Masamune : J'étudie le français
parce que j'aime (　　　　　　).

① l'amour   ② mon [ma] professeur(e)   ③ le fromage   ④ le vin

⑤ les chiens   ⑥ Tintin   ⑦ les Bleus   ⑧ le couscous

⑨ la littérature   ⑩ le cinéma   ⑪ Sarah   ⑫ Baudelaire

⑬ le quartier latin   ⑭ les marchés aux puces   ⑮ la pétanque

25
CD1-25

épreuve 5

WANOの洗脳アイテムが光りMasamuneはふらふらし始める。

Radis ：Choisis notre langue ! Obéis à WANO !

Masamune ：... J'obéis ...

Sarah ：Arrête ! Masamune !

このままでは洗脳されてしまう。大ピンチ！ Vladimirがオブジェを通して危機を伝え、Amadou
とSarahはMasamuneのもとに駆けつけた。
音声を聞き、グループで分担して洗脳を解く呪文を3分で練習しろ。次に、グループごとに暗唱し、
速さを競え！

26
CD1-26

épreuve 6

洗脳攻撃に疲弊したMasamuneに、Vladimirの声が聞こえる。彼はAmadouとSarahにも呼
びかけた。3人のペンダント、指輪、ブレスレットがかすかに光りだす。Vladimirの呼びかけに
答え、それらを武器に変えろ！
まず1人で、線が引かれた語を正しい形にしろ。次に、グループで確認し合え。

Vladimir
（Masamuneに） ：_Toucher_ ton accessoire !
Crier : « Je suis libre ! »

Vladimir
（3人に） ：_Toucher_ vos accessoires !
Crier : « Nous sommes libres ! »

Les trois
（3人で） ：_Toucher_ nos accessoires !
Nous sommes libres !

アクセサリーはまばゆい光を放ち、武器に変形した！ Masamuneは剣、Amadouは杖、Sarah
は弓を手に入れた。武器は信じられないほどの力を発揮する！ 3人は何が何だかわからないうちに
WANOを撃退してしまった。Masamuneたちのレベルが上がった。allerとir動詞の活用と使い
方を覚えた。命令を理解し、使えるようになった。武器を手に入れることに成功したが、自在に操
れるわけではない。しかも危うく洗脳されかけたMasamuneは落ち込んでいる。

Mission 5

Maîtrisez vos armes !

武器を使いこなせ!

WANO に洗脳されかけた Masamune は自分が許せない。すっかり落ち込んで、何も食べずに家にこもっている。Sarah と Amadou は心配し、食料を持って Masamune に会いにくる。Masamune は真っ暗な部屋でぽつんと座っている。

CD1-27

Sarah : Qu'est-ce que tu as ?

Masamune : Je suis triste. Je n'ai plus confiance en moi.

Amadou : D'abord, mange quelque chose !

Sarah : Du pain ?

Masamune : Non, pas de pain.

Sarah : Tu n'aimes pas le pain ?

Masamune : Si, mais je n'ai pas faim.

CD1-28

épreuve 1

なかなか元気を取り戻せない Masamune に、Sarah は心を込めてスープを作った。
Masamune を元気にしてあげよう。まず下線部に入る適切な語を入れろ。次に、グループで確認し合え。

Sarah : Tu ne manges pas de soupe ? Masamune : ＿＿＿, je mange de la soupe.

Sarah : Tu manges de la viande ? Masamune : ＿＿＿, je mange de la viande.

Sarah : Tu n'as pas de courage ? Masamune : ＿＿＿, j'ai du courage.

(29) CD1-29  **épreuve 2**

気力を取り戻したMasamuneに、Amadouが話しかけた。これからまず何をすべきだろう？
そして、その次には何をしなければならないのだろう。

グループで下線部を適切な形にし、Masamuneたちがこれからやるべきことを下の1)～3) から選べ！

D'abord, nous *manger* ensemble. Ensuite, nous *commencer* l'entraînement.
(　　　　　)　　　　　　　　　　　　(　　　　　　　　　)

1) 食事をする　　　　　　2) 敵を偵察する　　　　　3) 鍛える

(30) CD1-30 **épreuve 3**

敵と戦う前に、まずは己を知れ。3人はお互いの能力を比べてみた。
音声を聞いて、最も適切な人を選び、表に○を記入し、下線部に適切な語を入れろ。

Masamune						
Amadou						
Sarah						

[　**plus**　**moins**　**le plus**　**le**　]

Amadou : Je suis _____ grand que Masamune.

Sarah : Je suis _____ grande qu'Amadou.

Masamune : Je suis _____ fort.

Amadou : Je suis _____ calme.

Sarah : Je cuisine _____ mieux.

Amadou : Je cours _____ plus vite.

31 CD1-31

épreuve 4

Masamuneたちは、自分たちの戦力について話し合う。

3分間で会話文を読み、下線に適切な言葉を書き入れろ。

Amadou : Masamune, tu as une épée. Mais moi, je n'ai qu'un long bâton. Je suis moins fort que toi.

Sarah : Je suis moins forte qu'Amadou. J'ai un arc mais je n'ai plus de flèches. Que faire ?

Masamune : Je suis le plus fort des trois, mais je suis moins fort que nos ennemis parce que je ne maîtrise pas encore mon épée. Alors, comment faire ?

3人の中で一番強いのは _____

根拠となる文 _____

一番弱いのは _____

根拠となる文 _____

今、敵と戦えば？　**A.** 勝てる　**B.** 負ける _____

根拠となる文 _____

32 CD1-32

épreuve 5

Masamuneたちは、どうやって武器をコントロールすればいいかわからず焦っていた。話し合っていると突然1人の少年が現れ、メッセージが書かれた1枚のメモを差し出した。

グループで話し合ってメッセージを解読しろ。

« Demain matin, allez au marché pour rencontrer votre maître. »

明日の（ **A.** 朝　**B.** 昼　**C.** 夕方 ）_____ へ行くと、_____ に会える。

(33) CD1-33

épreuve 6

きょとんとしていると、怪しい影が現れた。WANO のメンバーがこっちを見ているぞ！
Masamune の様子から敵の存在を察知した少年は、無邪気さを装いリズミカルに「活用遊び」を始めた。
グループで（　　　）内に動詞 faire の現在形の活用を書き、その後の少年の質問に対する適切な答えを下から選んで［　　　］に書け。失敗するとまた捕まるぞ！

Le garçon	: Je（　　　）. Tu（　　　）. Il（　　　）. Elle（　　　）.
Amadou, Masamune et Sarah	: Nous（　　　）. Vous（　　　）. Ils（　　　）. Elles（　　　）.
Le garçon	: Qu'est-ce que nous faisons ?
Amadou, Masamune et Sarah	: Nous jouons ensemble.
Le garçon	: Qu'est-ce que vous faites dans la vie ?
Masamune	: [　　　　　　　　　　]
Le garçon	: Qu'est-ce que vous faites comme sport ?
Amadou	: [　　　　　　　　　　]
Le garçon	: Qu'est-ce que vous aimez faire ?
Sarah	: [　　　　　　　　　　]

[　Je suis étudiant.　　J'aime faire la cuisine.　　Je fais du football.　]

WANO のメンバーは、子どもとの遊びを監視するまでもないと立ち去った。Masamune たちは Si、Non を使って質問に答えられるようになった。数えられない名詞につく du、de la、de l' を覚えた。物や人を比べることができるようになった。Masamune たちのレベルが上がった。自らを鍛える意志を固めた。しかしまだ武器の使い方がわからない。3 人はどうやって強くなればいいのだろうか？

Comparaisons 比較

東京タワーは 333 メートルで、321 メートルの la tour Eiffel（エッフェル塔）よりも高いのよ。それから、東京のほうがパリよりずっとたくさんのレストランがあるわ。でも観光客の数はフランスが世界一。特に首都の Paris（パリ）には多くの観光客が来るのよ。ちなみに Sarah ちゃんのおすすめは Musée d'Orsay（オルセー美術館）だそうよ。

Mission 6

La rencontre avec le maître

師匠のもとへ

謎の少年によってもたらされたメッセージは、いったい誰が何のために送ってきたのだろうか？
手がかりもなく戸惑うMasamuneたちに、Vladimirからのメッセージが届いた。
グループで内容を解読せよ。

 34 CD1-34　Au marché, vous allez rencontrer votre maître vers huit heures et demie.
Il s'appelle monsieur Lunettes.

 35 CD1-35  **épreuve 1**

朝が来た。SarahはMasamuneを起こすがまったく返事がない。しびれを切らしたSarahは、
Masamuneに向かって叫んだ！
音声を聞き、下の言葉を言ってみよう。次に、グループごとに叫んでMasamuneを起こせ！ 一番大き
な声で叫んだグループが勝ちだ。

Je me lève tôt. Amadou et moi, nous nous levons tôt.
Tu te lèves ?
Lève-toi !

 36 CD1-36 **épreuve 2**

寝ぼけているMasamuneは目をこすりつつ、Sarahに時間を聞く。気合が足りないぞ。眠気を
吹っ飛ばせ！
グループで下の会話を聞いてから、時刻を伝える表現（赤字）の発音練習をしろ。次に、その下の時刻
を30秒以内に声に出せ。

Masamune : Sarah ? J'ai encore sommeil...Quelle heure est-il ?

Sarah : **Il est** déjà **7h30**. On va prendre notre petit-déjeuner puis on va
au marché !

1) 　2) 　3) 　4) 　5)

37 CD1-37  épreuve 3

Masamuneたちは、monsieur Lunettesを探すためマルシェに出かけた。
音声を1回聞いて、下の絵のどれがmonsieur Lunettesなのかを予想しろ。次に全員でもう一度聞き、
見つけ出せ！

Amadou	: Où se trouve monsieur Lunettes ?
Sarah	: On va demander à ce marchand de légumes.
Masamune	: Pardon monsieur, nous cherchons monsieur Lunettes.
Marchand de légumes	: Il fait la queue. Il est vieux et petit. Il a les cheveux gris. Il porte des lunettes.

1)  2)  3)

38 CD1-38  épreuve 4

誰がmonsieur LunettesなのかがわかったSarahは、彼に声をかけようとするが、すぐに人波
にのまれて見えなくなってしまった。しかし、買い物かごの中には小さな紙切れが残されていた。
下のメッセージは語順がバラバラだ。音声を聞いて正しい順序に並べかえ、意味の通る文にしろ。

[**chez   midi   moi   tous les trois   venez   vers**]

épreuve 5

CD1-39

文を完成させるとメモ書きが地図に変化し、Lunettes家までの道筋が浮かんできた。こうして
Masamuneたちは、町はずれの小さな一軒家にたどり着いた。古い樫の木の扉を開けると、
monsieur Lunettesが、mademoiselle Fleursと名乗る若い女性とともに招き入れてくれた。
まず、下の会話文を読んで **1** ～ **3** の答えを考えろ。次に、グループで答えを共有し、わからない問
題があれば意味を調べて解答を見つけろ。

Amadou, Masamune et Sarah : Bonjour monsieur.

M. Lunettes : Bonjour. Mais pourquoi venez-vous à midi ?

Masamune : Parce que...dans votre message...

M. Lunettes : Quand on invite à midi, on vient à midi et quart. C'est comme ça ici.

Amadou : Nous avons besoin de vous.

M. Lunettes : Nous avons le temps. D'abord, on va déjeuner.

Mademoiselle Fleurs : On va bien manger. On va se promener. On va bien dormir.
C'est comme ça ici.

M. Lunettes : Voilà. La vie est belle, n'est-ce pas ?

Masamune : Qu'est-ce que vous racontez ? Vous oubliez WANO ?

M. Lunettes : Calmez-vous.

(bruit de porte)

Sarah : Masamune ! Reviens !

Amadou : Excusez-nous, monsieur.

1 Monsieur Lunettesによると、来るべき時間は何時だったか？

(　　　　　　　　　　　　　　　　　　　　　　　　　　　　　　　　)

2 Monsieur Lunettesの家で昼食後にすることは何か？ 2つ答えろ。

(　　　　　　　　　　　　　　　　　　　　　　　　　　　　　　　　)

3 Masamuneが怒った理由を考えろ。

① Monsieur LunettesがSarahとばかり話すから。

② Monsieur LunettesがWANOの考えに賛成しているから。

③ Monsieur Lunettesに危機感が感じられないから。

④ Monsieur Lunettesの家での昼食がまずかったから。

épreuve 6

CD1-40

Masamuneたちは出て行ってしまった。静まり返った家で聞き覚えのある声がする。Monsieur Lunettesのテーブルの上のオブジェから、何かが聞こえてくる。Vladimirの声だ。
これからMasamuneたちはどうなるのだろうか。①、②にあてはまる動詞を下の動詞群から選び、近接未来にして書け。

Vladimir	: Maître, que pensez-vous de ces trois jeunes ?
Monsieur Lunettes	: Ils n'ont pas de patience. Ils (①).
Vladimir	: Je…je ne crois pas. Ils sont jeunes mais intelligents. Ils (②).
Monsieur Lunettes	: J'espère.

[**échouer   manger   obéir   partir   rentrer   réussir   revenir**]

せっかく会えたmonsieur Lunettesのもとを飛び出してしまったMasamuneたち。彼らはまだ武器をコントロールすることができない。しかし、彼らは人を目覚めさせる呪文を覚えた。時間が言えるようになった。近い未来に起こることを言えるようになった。また新たな危機が迫っている。

Invitations パーティーに招かれたら
誰かのおうちでのfête（パーティー）に招かれたら、開始時間ちょうどには行かないで、15分ほど遅れていくのがマナーよ。持ち寄りパーティーが多いから、料理を1品作ったり、ワインを1本持っていったりするのもいいわね。ちなみに私はratatouille（ラタトゥイユ）を作るのが得意よ。今度食べに来てね。

Situation de crise

大ピンチだ!

Masamune が怒って monsieur Lunettes の家を飛び出したころ、WANO の幹部 Carotte、Radis、Endive は薄暗い部屋に集まっていた。部屋の中央には、まがまがしい黒いオブジェが置かれ、彼らはそれに向かって話している。

Radis : Chef, ils sont dangereux.

Endive : Oui...Ils nous résistent. Ils ne nous obéissent pas.

Carotte : Chef, nous attendons vos ordres.

  épreuve 1

WANO は Masamune たちをもう一度捕まえるつもりだ。迫りくる危機を敏感に察知した Vladimir は 3 人を集め、オブジェを通して警告する。
音声を聞いて、会話を完成させた後、グループで応答練習をしろ。次に、それをクラスで発表するんだ。

【Vladimir】	【Masamune たち（1人ずつ）】
Vous connaissez Carotte ?	- Oui, je ( ) connais.
Vous connaissez Radis et Endive ?	- Oui, je ( ) connais.
Vous connaissez leur chef ?	- Non, je ne ( ) connais pas.
Ils s'appellent WANO.	
Attention ! Ils vont vous arrêter.	

Carotte　　　　　**Radis**　　　　　**Endive**

43
CD1-43

Vladimirの警告は遅かった！ Carotte、Radis、EndiveにMasamuneたちの居場所を突き止められてしまった。
下の会話の（　　　）にnousかvousのどちらかを入れろ。次に epreuve 1 で（　　　）に入れた解答とともに、これらの語がどんな意味をもつのか、グループで話し合うんだ。

Endive : Nous（　　　）demandons de venir avec nous. Nous avons
quelque chose à（　　　）dire.

Sarah : Quoi ? Pour quelle raison ?

Radis : Vous（　　　）posez trop de questions. Nous（　　　）arrêtons.

Amadou : Vous n'avez pas le droit !

Radis : Si, car nous sommes de WANO.

Masamune : Pardon ? WANO,
qu'est-ce que c'est ?

Carotte : Taisez-（　　　）!

44
CD1-44

Masamuneたちはアクセサリーをかざした。しかしそれが武器に変形する前にCarotteがムチを振るった。ムチはうなり、蛇のように巻き付いてアクセサリーを奪った！ Carotteは不敵な笑みを浮かべ、3つのアクセサリーを偽物と混ぜてしまった。大変だ！ Carotteは目の前に金のアクセサリーを差し出し、RadisとEndiveが離れたところで銀のアクセサリーを見せつけている。金のアクセサリーは服従のしるし、銀のアクセサリーは戦うしるしだ。
（　　　）の中にceluiまたはcelleを書きこめ。そして音声をヒントに、それぞれが言うべき言葉を叫べ！

Masamune : Rends-moi mon pendentif !

Carotte : C'est celui en or ou celui
en argent ?

Sarah : Rends-moi mon bracelet !

Radis : C'est（　　　）en or ou（　　　）en argent ?

Amadou : Rends-moi ma bague !

Endive : C'est（　　　）en or ou（　　　）en argent ?

CD1-45

アクセサリーを取り戻したものの武器に変化させる方法がわからず、じりじりと追い詰められてしまった Masamune たち。そのとき WANO の前に何人もの子どもたちが現れ、敵をかく乱する。どうやら味方のようだ。

子どもたちはどうやって敵をかく乱したか？ 会話を読んでその方法を説明しろ。

> **Masamune, Sarah et Amadou :** Au secours !
>
> **Une fille :** Regarde ! Les adultes jouent avec des armes. Génial !
>
> **Un garçon :** Jouons ensemble !
>
> **Radis :** Des gosses !? Je déteste les enfants !
>
> **Masamune :** Il faut fuir !
>
> **Les enfants :** Venez avec nous.

CD1-46

子どもたちは Masamune たちを先導し、迷路のように複雑な小道を駆けていく。この界隈は子どもたちの庭のようなものだ。WANO は次第に引き離されていく。もう少しだ！ 抜け道を通り、子どもたちの指示に従って逃げきれ！

音声を聞き、道順どおりに線を引け。できたらグループで共有しろ。

Masamuneたちは必死で走ったが、たどり着いた場所は行き止まりだった！敵が迫ってくる。そのとき、子どもたちは壁に向かって全速力で突っ込んだ。するとまばゆい光とともに通路が現れ、その先に手招きしている女性が見えた。Masamuneたちが壁の中に消えた瞬間に通路も消え、敵たちは壁にぶつかる。間一髪で助かった！

Masamuneたちのレベルが上がった。すでに使った言葉を言いかえる方法を習得した。方向を示す表現を覚えた。しかし、自分たちの限界を知った。アクセサリーは奪い返したものの、Masamuneたちは大幅に体力を消耗した。やはり特訓が必要だ。

L'argent お金

フランスで使われる通貨は、もちろんユーロ（€ = euro）。1ユーロは100 centimesよ。お金はl'argentといって、billet（お札）とpièce（硬貨）があるわ。billetには5, 10, 20, 50, 100, 200, 500€札、pièceは1, 2, 5, 10, 20, 50 centimesに1€, 2€があるけど、500€は高額だから、悪用を恐れて2019年に廃止されたわ。国によってデザインが異なるから、わたしはいろんな種類のpièceを集めているの。フランスでは日本に比べてキャッシュレスが普及していて、carte bleue（クレジットカード）やsmartphone（スマートフォン）などで支払いをするケースが増えているわ。

Devenons plus forts !

パワーを獲得せよ！

不思議な女性に導かれて Masamune たちは壁を抜け、辛くも WANO の追撃から逃れることができた。たどり着いたのは一体どこなのだろうか？
音声を聞いて、Masamune たちのいる場所を特定しろ！

CD1-47

Masamune	: Merci beaucoup.
Mademoiselle Fleurs	: Vous me reconnaissez ?
Masamune, Amadou et Sarah	: Mademoiselle Fleurs !
Amadou	: On est où ?
Monsieur Lunettes	: Vous êtes chez moi !
Masamune, Amadou et Sarah	: Monsieur Lunettes !

CD1-48

そこで待っていたのは、monsieur Lunettes だった。彼は Masamune たちを穏やかに諭した。
「焦りは禁物、基礎を固めなさい」。自分の思慮の足りなさのせいで仲間を危機にさらした
Masamune には、耳が痛い言葉だった。Monsieur Lunettes の弟子になりたいと強く思った。
WANO を倒すために、弟子入りしたいという気持ちを伝えよう。
「〜したい」という気持ちを伝える動詞 vouloir を適切な形にして、（　　　）に入れろ！

Monsieur Lunettes	: *Γνῶθι σεαυτόν.*
Sarah	: Qu'est-ce que ça (　　　) dire ?
Monsieur Lunettes	: C'est une expression grecque. Cela (　　　) dire
	« Connais-toi toi-même ». (　　　　　)-vous suivre mes
	entraînements ?
Masamune	: Oui, nous (　　　　　) vaincre WANO !

49 CD1-49

Monsieur Lunettes の特訓に耐えるには、左右に素早く動くための表現を身につけなければならない。瞬発力を鍛えるんだ！

3人で向かい合い、Masamune が « à droite ! » と言えば Masamune の右の人が手を叩き、次に、手を叩いた人が « à gauche ! » と言えばその左の人が手を叩け。これを高速で繰り返すんだ。

50 CD1-50

こうして、monsieur Lunettes の厳しい訓練が始まった。まずは身体を鍛えるために、急いで身体の部位を表す単語を覚えろ。

グループで分担し、身体の部位をあらわす単語を下の絵に書きこめ！

le visage	les cheveux	les yeux（un œil）	le nez	les oreilles
la bouche	les dents	le corps	la tête	les épaules
le dos	les bras	les mains	le ventre	les jambes
les pieds				

(51) CD1-51

次は徹底的に身体を鍛え上げるぞ。
聞こえてきた指示に従って身体を動かせ。どんどんスピードを上げるぞ！

[例] Levez-vous ! 立て！ / Touchez votre tête ! 頭を触れ！

(52) CD1-52

Masamune たちは厳しい訓練に疲れ切っている。Mademoiselle Fleurs から疲労回復のポーションをもらうためには、自分の体調を言えるようにしなければならない！
グループで考えて適切な単語を下のリストから選び、（　　　）内を埋めろ。

Monsieur Lunettes	: On va manger. Vous avez faim ?
Masamune	: Non, je n'ai pas (　　　　), mais j'ai mal au (　　　　).
Amadou	: Moi, j'ai mal aux (　　　　).
Sarah	: Et moi, j'ai mal à l' (　　　　) gauche.
	Je suis très (　　　　) et j'ai (　　　　).
Mademoiselle Fleurs	: Venez, je vais vous donner une potion.

[　jambes　　fatiguée　　faim　　soif　　épaule　　dos　　]

épreuve 6

CD1-53

ある日、トレーニングを積んでいると、WANOのヘリコプターが街の上空に飛来した。拡声器から聞こえるのはRadisの声だ。なんと仲間が捕えられてしまったらしい！
音声を聞いて、以下の問いに答えろ。（　　　　）内の人物名や場所に注意するんだ！

> Nous sommes WANO. Nous cherchons trois personnes : Masamune, Amadou et Sarah ! Nous venons d'attraper (　　　　). Si vous voulez les sauver, (　　　　) !

1 WANOにつかまったのは誰だ？

（　　　　　　　　　　　　　　　　　　　　　　　　　　　）

2 WANOは何を要求している？

（　　　　　　　　　　　　　　　　　　　　　　　　　　　）

Monsieur Lunettesの訓練を受け、Masamuneたちのレベルが上がった。願望を伝えられるようになった。身体の部位を言えるようになった。体調を伝えられるようになった。やったばかりのことを伝えられるようになった。体力がアップし、戦士としての意識が高まった。捕らえられた仲間を救出しなければならない。

Le sport スポーツ
フランスで一番人気のスポーツはfootball（サッカー）で、クラブなどでやっている人は200万人ぐらいいるわ。第2位はtennis（テニス）で110万人、第3位はéquitation（乗馬）で70万人よ。Équitationは女性に大人気のスポーツで、日本人には意外かもしれないわね。その次に人気があるのはなんとjudo（柔道）。柔道人口は60万人もいて、日本よりも多いのよ。オリンピックなどで金メダルを獲得し、大活躍しているフランス人の柔道家がたくさんいるわ。
オリンピックの公用語もフランス語で、国際オリンピック委員会IOCの本部はSuisse（スイス）のLausanne（ローザンヌ）にあるのよ。意外と知られていない、フランス特有のスポーツもあるわ。たとえば、escrime（フェンシング）はフランス発祥で、競技中に使用する言葉はすべてフランス語よ。それから、pétanque（ペタンク）は南仏発祥で、金属製の球を投げて目標に近づける、フランスならではのスポーツよ。公園や広場で大勢の人がやっているわ。フランスではbaseball（野球）は全然人気がなくて、ルールを知らない人がほとんどよ。わたしはTour de France（ツール・ド・フランス）を見るのが大好き。フランス中のいろんな景色が見られて、とてもきれいよ。

Préparons-nous à la bataille !

臨戦態勢

WANO は monsieur Croissant と子どもたちを人質に取り、Darcy 広場に来るように要求している。さあどうする？

CD2-01

Masamune : Vous avez entendu ?

Amadou : Oui. Ils ont arrêté monsieur Croissant et les enfants.

Sarah : Nous devons les sauver.

Masamune : Oui, nous devons aller sur la place Darcy.

Amadou : Mais comment allons-nous battre WANO ?

CD2-02

この苦境を脱するために、mademoiselle Fleurs が Sarah にアドバイスした。どうやら Takeshi という心強い味方がいて、彼は今、大学のキャンパス内にいるらしい。
会話を聞き、読んで、地図上の A〜G から Takeshi を選べ。位置関係を表す言葉に気をつけろ。

Sarah : Qu'est-ce qu'on fait ?

Mlle Fleurs : J'ai une idée. Takeshi peut nous aider, mais il n'est pas souvent chez lui. Il est peut-être sur le campus, derrière le restaurant universitaire.

Sarah : Je vais le chercher !

CD2-03

TakeshiがMasamuneたちの仲間に加わった。はたしてTakeshiのもつ特殊能力とは何だろう？
まず、Takeshiの特徴を表している部分に下線を引き、グループで共有しろ。次に、1)〜7)から
Takeshiができることをすべて選べ。

Sarah	: J'ai trouvé Takeshi.
Masamune	: Mais, c'est un chien ?
Amadou	: Il peut vraiment nous aider ?
Takeshi	: Ouaf ! ouaf !
Amadou	: Aïe !
Mademoiselle Fleurs	: Attention, normalement il est gentil, mais si on l'embête, il peut être méchant. Il a du nez. Il est aussi rapide, fidèle et intelligent. Il adore les légumes.

1) 建物を修復する

2) 病人を癒す

3) 先制攻撃を仕掛ける

4) 行方不明の人を探す

5) 料理する

6) 呪文を唱えて攻撃する

7) ムードメーカー

57
CD2-04

épreuve 3

Masamune たちは、monsieur Lunettes とともに人質奪還作戦を練っている。いったいどんな秘策があるのだろうか？

赤字の語は、前の文で述べられたものを指している。該当する部分に下線を引き、グループで共有しろ。

Masamune	: Comment peut-on sauver monsieur Croissant et les enfants ? Monsieur Lunettes, vous avez une idée ?
Monsieur Lunettes	: Oui, j'**en** ai une. Écoutez bien. D'abord, Takeshi va attaquer Radis parce qu'il déteste les chiens. Ensuite, Masamune va couper Carotte avec son épée. Enfin, Amadou va cuisiner Endive avec son bâton. Vous êtes prêts ?
Masamune	: Oui, on va sur la Place Darcy ?
Sarah et Amadou	: Oui, on **y** va !
Takeshi	: Ouaf ! ouaf !

58
CD2-05

épreuve 4

決起集会だ！ Vladimir の声が届いた。

グループで分担し、音声を聞いて（　　　）内に適切な表現を入れろ。最初の（　　　）内がヒントだ。

Vous avez rencontré monsieur Lunettes.

- Oui, nous (rencontrer → *avons rencontré*) monsieur Lunettes.

Vous avez bien travaillé.

- Oui, nous (　　　　　　　　　　　　　　　).

Vous avez appris à vous battre.

- Oui, nous (　　　　　　　　　　　　　　　).

Vous pouvez les sauver !

- Oui, nous devons les sauver !

すると、気合の入った3人のもとに、Vladimir からメッセージカードが送られてきた。単語に穴が開いていて、暗号になっているようだ。

☐ ibliothèque	☐ range	☐ ationalité
☐ roissant	☐ béir	u niversel	☐ egarder
☐ mour	☐ are	☐ nsemble

1 上の単語の□に、正しいアルファベを1字入れて単語を完成させろ。すべて、これまでのMissionで出てきた単語だ。

2 すべての頭文字をつなげると文になる。それがVladimirからのメッセージだ。他のグループよりも早くそれを読み解くんだ。

解答 ［　　　　　　　　　　　　　　　　］

Vladimirの助言を受けてMasamuneたちは自信をつけ、レベルが上がった。やるべきことを言えるようになった。過去に起こったことを言えるようになった。すでに出てきた言葉をenとyを使って言い換えられるようになった。Takeshiという強力な仲間が加わり、戦いに臨む勇気を得た。しかし油断は禁物だ。決戦の日は近い！

L'université 大学

フランスの大学に入学するためには、baccalauréat（バカロレア：大学入学資格）が必要よ。試験は論述式で、たとえば哲学の問題では「欲望は我々が不完全であることの証拠なのか？」など抽象的な問題が出され、4時間もかけて解答するの。日本の入試問題とは全然違うわ。ほとんどが国立大学で学費は安いけど、成績が貼り出されることもあるし進級も難しいから、みんな真面目に勉強しているわよ。フランスの大学は3年制だけど、留年せずに無事に卒業できるのは3割ぐらい。学期中にアルバイトをしている学生も日本に比べて少なくて、約25％しかいないわ。クラブ活動やサークルも少なくて、夏期は大学が1か月ぐらい閉まっているの。学食の値段は全国一律で400円ぐらいだけど、前菜、主菜、デザートから一品ずつ選んでお腹も大満足！ ちなみにTakeshiお勧めのデザートはcrème caramel（プリン）よ。試してみてね。

Mission 10

Combat sur la place Darcy

ダルシー広場の戦い

60 CD2-07 WANO たちが街中にビラを撒いていったようだ。彼らの活動はどんどん過激化しており、街は不安に包まれている。Masamune たちは、WANO のビラを monsieur Lunettes に手渡した。彼は深いため息をつき、考え込んでいる様子だ。

> ### AVERTISSEMENT
>
> Masamune, Amadou, Sarah
>
> Venez sur la Place Darcy,
>
> dimanche prochain, à 11 heures du matin !

61 CD2-08  épreuve 1

WANO は対決の日を指定しているが、monsieur Lunettes には曜日の感覚がなく、とぼけたことを言っている。Masamune たちに残された日はあと何日だろうか。
まず1人で（　　　　）を埋めろ。次に、それをグループで共有しろ。

Monsieur Lunettes :	On est quel jour déjà ?
Masamune :	Aujourd'hui, on est mardi.
Monsieur Lunettes :	Et il y a trois jours ?
Sarah :	(　　　　　　).
Monsieur Lunettes :	Avant-hier ?
Amadou :	(　　　　　　).
Monsieur Lunettes :	Hier ?
Masamune :	(　　　　　　).
Monsieur Lunettes :	Demain ?
Sarah :	(　　　　　　).
Monsieur Lunettes :	Après-demain ?
Amadou :	(　　　　　　).
Masamune :	Dans (　　　　　　) jours, on va sur la place Darcy.

(62) 🎵
CD2-09

épreuve 2

日曜の朝、Carotte、Radis、Endive が Darcy 広場で待ち構えていた。市民の憩いの場をわが
もの顔で陣取っている。いよいよ対決の時が来た。宣戦布告だ！
音声を聞き、（　　　）内の語を聞こえた形に直して、グループで共有しろ。

Radis : Les voilà ! Ils (arriver　　　　　　　　　　　　)!

Sarah : Nous (venir　　　　　　　　　) sauver monsieur

Croissant et les enfants ! Où sont-ils ?

Endive : Je ne sais pas.

Amadou : Menteur !

Masamune : Rendez-nous nos amis !

(63) 🎵
CD2-10

épreuve 3

WANO たちは彼らの野望を声高に主張した！彼らが理想とする社会とは、いったいどのようなも
のだろう？

Masamune : Que voulez-vous ?

Radis : Nous voulons l'ordre et la paix dans le monde.

Endive : Pour cela, seule la langue universelle est utile.

Les autres sont inutiles. Vous devez abandonner votre langue.

Sarah : Jamais !

Amadou : Nous aimons la liberté et la

diversité des langues.

Carotte : Vous avez tort !

Nous sommes les

premiers : W.A.N.O.

1 WANO の主張は何か？ グループで話し合い、彼らの主張として最も適切なものを選べ。

①共通言語は1つのほうがよいが、複数の言語があってもよいと考えている。

②自分たちが一番だと考え、言語など役に立たないと考えている。

③自分たちが一番だと考え、世界の言語を1つに統一すべきだと考えている。

④世界は多様な言語に満ちているから、平和であり尊いのだと考えている。

2 WANO とは何の略語だろうか？　Carotte の言葉がヒントだ！

We A(　　　　　　　) N(　　　　　　　) O(　　　　　　　).

CD2-11 64

さあ攻撃だ！ 特訓のおかげで、3人は自由自在に武器を使いこなせるようになっている。今こそ
Carotte、Radis、Endive を倒すときだ！
グループで分担し、3人の言葉とイラストA〜Cを組み合わせろ！

① Je vais te couper en deux avec mon épée !　　　　　 (　　)

② Je vais vous faire voler avec mon bâton !　　　　　 (　　)

③ Je ne rate jamais ma cible avec mon arc !　　　　　 (　　)

A.　　　　　　　　**B.**　　　　　　　　**C.**

Masamune たちは修行の成果をいかんなく発揮し、WANO を撃退した！

CD2-12 65

次に Masamune たちは、mademoiselle Fleurs、Takeshi とともに人質解放に向かった。そ
こで Takeshi は特殊な力を発揮する。なんと、敵には Takeshi の吠える声がフランス語に聞こえ
るらしい。

Gardien : Qui êtes-vous ?

Takeshi : Ouaf ! ouaf ! (　　　　　　　　　　　　　).

Gardien : Vous cherchez qui ?

Takeshi : Ouaf ! ouaf ! (　　　　　　　　　　　　　).

Gardien : Qu'est-ce que vous voulez ?

Takeshi : Ouaf ! ouaf ! (　　　　　　　　　　　　　).

1 （　　　）内に適切な答えを入れ、グループで共有しろ。

A. Nous cherchons les enfants et monsieur Croissant.

B. On nous a demandé de les libérer.

C. Nous sommes envoyés par Carotte.

2 衛兵は牢屋を開けるパスワードを求めて来た。正しく打ちこまないと人質は救えないぞ！
話し合いを通じて解答し、Masamuneが答えを板書しろ。正解を見つけたグループはどこだ？

Vous êtes arrivés à l'heure ?　- Non, nous（　　　　　　　　　）en retard.
Vous vous êtes levés tôt ?　　- Non, nous（　　　　　　　　　）tôt.

こうして3人は人質を救い出し、Dijonを奪還した。過去のことを語れるようになった。曜日と日時など時間の流れを表現できるようになった。Masamuneたちは敵にとって手ごわい存在となった。しかし敵は必ず反撃をしかけてくる。油断するな！

Les légumes 野菜
フランスにはたくさんの野菜があるわ。この物語の敵の名前になっているcarotteはもちろんニンジンだけど、endive（エンダイブ）、radis（ラディッシュ）、artichaut（アーティチョーク）などは日本ではなかなか見かけない野菜ね。でも最近はcourgette（ズッキーニ）やpoivron（パプリカ）など、日本でもなじみ深くなった野菜もあるわ。aubergine（ナス）やconcombre（キュウリ）は、フランスのものは日本のよりずっと大きいのよ。それからpoireau（長ネギ）は日本のものより硬いから、煮込んで食べることが多いわね。つまらない映画に対してはC'est un navet.「それはカブだ」なんて言うこともあるわ。日本では下手な役者のことを「ダイコン」と言うわね。わたしはpomme de terre（ジャガイモ）が好き！フランス人もfrites（ポテトフライ）が大好きよ。

Mission 11

À la recherche de Владимир

Владимирを探せ！

勇者たちは、WANOのDijon支部を撃退した。勝利の歓喜に沸く中、monsieur Lunettesは、解放された人質や抵抗組織のメンバーの前で演説を始める。しかし、人々の声が邪魔をしてよく聞こえない。

 68
CD2-15

Monsieur Lunettes : Tout le monde est là ? Je suis fier de vous. Vous avez fait du bon (　　　　). Certes, WANO est (　　), mais nous le sommes aussi ! Vous devez avoir (　　) ! Il fait (　　) aujourd'hui. Alors, pour rendre cette journée encore plus ensoleillée, allons boire ensemble dehors !

（5 minutes plus tard）

Tous　　　 : Santé !

Takeshi　　 : Ouaf ! ouaf !

 épreuve 1

Monsieur Lunettesはどんなことを話しているのだろう？
グループで話し合い、（　　　）に入る適切な語を選べ。

[　**beau**　　　**fort**　　　**soif**　　　**travail**　]

CD2-16

勝利をおさめたMasamuneたちに、Vladimirからのメッセージが届いた。WANOの本部がある
Parisへは、異なる移動手段を使って、敵に気づかれないように向かう必要がある。
グループで分担し、en かàのいずれかを（　　　　）に入れろ。

Je vous attends à Paris. Masamune, Sarah, Amadou, partez (　　) train.
Il faut 1 heure et demie. Monsieur Lunettes, mademoiselle Fleurs,
venez (　　) voiture avec Takeshi. Il faut 3 heures. Monsieur Croissant,
venez (　　) pied. Il faut 2 jours et demi.

3人はVladimirのメッセージを正しく理解したので、次の指示が来た。彼に会うためにはどの駅
で降りなければならないだろうか？
グループで話し合い、地図内のA〜Eから降りる駅を選べ。

CD2-17

D'abord, allez à la gare de Lyon. Prenez la ligne 14 du métro en direction
d'Olympiades. Ensuite, descendez à la station en correspondance avec la
ligne 6. Enfin, prenez la direction de Charles de Gaulle - Étoile et
descendez à la deuxième station.

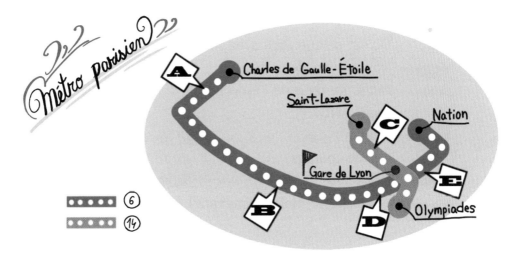

71
CD2-18

指定された駅に3人は無事に到着した。そこには、灰色の外套を着た怪しい人々（les Manteaux Gris）がいて、そのうちの1人が近づいてきた。

> Messieurs-dames, bonjour. Vous n'avez pas une petite pièce pour moi ?
> J'ai faim. Je n'ai pas encore mangé aujourd'hui. Aidez-moi, s'il vous plaît.

Sarahは、その集団の1人が手に持っていたカードを見て、涙を流した。
なぜSarahが泣いてしまったのか、話し合ってみよう。

> Je suis Владимир. J'habitais dans un pays en paix avec différents peuples, langues et cultures. Cependant, il a disparu à cause de la guerre de la langue universelle. Les habitants ont oublié leur langue et sont devenus agressifs, donc je me suis enfui. J'ai perdu mon pays, ma langue maternelle et mon identité...

72
CD2-19

 épreuve 4

そのとき、敵が奇襲攻撃をかけてきた！ Carotte、Radis、Endiveとその手下たちだ。
グループで分担し、音声を聞いて（　　　　）の動詞を半過去形にしろ。

Sarah : Qu'est-ce que vous avez contre lui ?

Masamune : Nous devons le protéger !

Sarah : Autrefois, nous ne (connaître) pas WANO.

Masamune : Nous n'(avoir) pas de courage.

Amadou : Nous (être) faibles.

Masamune, Sarah et Amadou : Mais maintenant !

(73) CD2-20 **épreuve 5**

《Mais maintenant ！》の合図とともに、3人は反撃に転じる。しかし敵はあまりに多い。
Sarahは言葉を口ずさむ。Masamuneたちも応じ、続いて les Manteaux Gris も唱和した。
すると、みるみる味方が増えていく！
グループで分担し、音声を聞きながら、（　　　）に動詞 habiter を半過去形にして書き入れろ。

Sarah　　　：J'habitais dans un pays en paix, mais il a disparu.

Masamune：Tu（　　　　　　　　　　）dans un pays en paix, mais il a disparu.

Amadou　：Elle（　　　　　　　　　）dans un pays en paix, mais il a disparu.

Les Manteaux Gris：Nous（　　　　　　　　　）

dans un pays en paix,

mais il a disparu.

Владимир：Vous（　　　　　　）

dans un pays en paix,

mais il a disparu.

Masamune：Cette voix...Vladimir !?

こうして3人は、ついに最後の仲間 Vladimir に会うことができた。Masamuneたちのレベルが
上がった。移動手段に必要な言葉を理解し、敵の本部がある Paris までやってきた。天候を表す表
現を覚えた。過去を振り返り、描写できるようになった。強力な味方 Vladimir が加わり、最後の
戦いに臨むすべてのメンバーが揃った。

Les transports 交通

フランスには多くの交通手段があるわ。Paris の公共交通機関だと
métro（メトロ）と bus（バス）、それに tram（路面電車）が便利
ね。métro は14番線まであって駅も多いから、街中にすぐ駅が見つ
かるわよ。métro は Lyon や Toulouse にもあるわね。最近は環境に
やさしい乗り物を作るのが主流だから、多くの街で tram が作られ
ているわ。Paris や Lyon はもちろん Dijon や Strasbourg、Nantes、
Montpellier、Bordeaux、Grenoble などに近代的な車両が続々登場

しているわよ。Paris を中心とした高速鉄道網も発達しているわ。フランスが誇る乗り物は TGV（フラン
ス新幹線）ね。Paris からだと Lyon、Bordeaux、Nantes、Strasbourg、Marseille などの他、Suisse（ス
イス）や Italie（イタリア）、Allemagne（ドイツ）、Belgique（ベルギー）、Pays-Bas
（オランダ）への TGV もあって簡単に行けるのよ。フランス人は車も好きね。日本でも
おなじみの Renault（ルノー）、Peugeot（プジョー）、Citroën（シトロエン）はフラン
スの自動車会社よ。

Vers la tour des Étoiles

エトワール塔に向かえ

恐れをなしたCarotteたちは、WANOの本拠地 la tour des Étoilesに戻ってきた。そこでは
ボスのArtichautが大きなひじ掛け椅子に座り、ワインを片手に待っていた。

74
CD2-21

Radis	: Ils sont plus forts que nous !
Endive	: Et ils vont bientôt venir ici.
Artichaut	: Tant mieux. J'adore l'action.
Carotte	: Si vous le voulez, nous vous aiderons.
Artichaut	: D'accord, mais si vous échouez,
	je vous punirai !

HAHAHAHAHAHA

75
CD2-22

épreuve 1

ボスのArtichautは、Masamuneたちが la tour des Étoilesに向かってくることをどう思っ
ているだろうか？
上の文章を読み、Artichautの気持ちにもっともふさわしいものに〇をつけ、敵の性格を把握しろ。次
にグループで話し合い、その根拠となる文を書き留めろ。

Il est (1. en colère   2. fatigué   3. triste   4. jaloux   5. déçu
        6. content   7. stressé)

根拠となる文 [   ]

épreuve 2

Masamuneたちは、パリのVladimirの家にいる。いよいよ大きな戦いの時が迫っており、それ
に備えて十分に栄養をとる必要がある。Sarahの指示で、3人はおいしい料理を作ることにした。

76
CD2-23

1 （　　　　）内の動詞を未来形に活用させて、Sarahの指示を理解し、料理を完成させろ。まず一人で解答し、その後グループで答え合わせをしろ。

Sarah : Masamune ! Tu (couper) les carottes et les courgettes.

Amadou ! Tu (faire) griller la viande et cuire la semoule.

Moi, je (saler) et (poivrer).

Vous (voir), ce (être) délicieux !

Vladimir : Au fait, j'ai une bonne bouteille de vin rouge. Qui en veut ?

77
CD2-24

2 Vladimirの発言を正しく聞き取れたら、元気が出るワインが飲めるぞ！
Vladimirが言う文を聞き、グループで順番にリピートしろ。その後、話し合いをして答えを選べ。

1. J'ai vu un bon vin.　　2. J'ai bu un bon bain.

3. J'ai bu un bon vin.　　4. J'ai vu un bon bain.

正解 〔　　　　〕

78
CD2-25

3 3人が作ろうとしている料理は何だろうか？ 正しい答えを見つけないと変な料理ができてしまい、体力を回復できないぞ！
Sarahが指示していた材料と調理法を参考にグループで話し合い、作ろうとしている料理に〇をつけろ。

1. un bœuf bourguignon　　2. une bouillabaisse　　3. un couscous

4. une ratatouille　　5. des sushis

79
CD2-26

4 3人は料理を食べながら感想を言い合っている。
グループで例文を参考に、3人それぞれの立場から感想を言おう。

[例] C'est délicieux !　　Ce n'est pas bon...　　J'aime beaucoup la viande !

Je déteste les carottes.　　J'adore la cuisine française !

Je n'aime pas beaucoup les courgettes...

épreuve 3

(80) CD2-27

Vladimir は食後の作戦会議で、Masamune たちを鼓舞し士気を高めようとするが、ワインで酔っぱらって舌が回っていない。

音声を聞いて、（　　　）の中に入る正しい語を、[　　　　]の中から選び、意味の通る文にしろ！

Nous irons à la tour des Étoiles (　　　　　) WANO se trouve !

C'est nous (　　　　) les vaincrons !

C'est de courage (　　　　　) nous avons besoin !

C'est la diversité (　　　　　) nous aimons !

[**qui　　que　　dont　　où**]

épreuve 4

(81) CD2-28

全員の戦う気持ちが一つになったその瞬間、突然アラームが鳴った。敵の声だ！ 内部無線を傍受したぞ。この家を攻撃してくるようだ。敵の兵力と作戦が実行される日時を把握しろ！

内部無線を聞いてその内容について話し合い、兵力と日時を解答しろ。

Radis attaquera avec (　　　　) soldats pour écraser nos ennemis. Il lancera son opération le (　　　　　) à (　　　　) chez Vladimir.

兵力 [　　　　　] 日時 [　　　　　　　　]

épreuve 5

(82) CD2-29

ついに敵が攻撃を仕掛けてくる日がやってきた。Masamune たちは広場で迎え撃つ！ まずは、シュプレヒコールでかく乱する作戦だ。さあ、みんなで声をあげよう！

音声を聞いて、グループで文章を読み上げる練習をしろ。

次に、メロディーをつけてクラスで発表しろ。

L'union fait la force !

Nous serons toujours motivés

L'union fait la force !

Contre les ennemis du français.

(83) CD2-30 épreuve 6

指揮官 Radis は混乱し、WANO 本部に次の連絡をした。

Radis : Regardez ! Masamune, Amadou et Sarah chantent en face de nous ! Les Manteaux Gris chantent aussi sur la droite ! Et les enfants aussi sur la gauche ! Même les chiens chantent derrière nous ! Je m'enfuis !

Artichaut : Tu vas être puni et tu vas manger des radis pendant huit semaines !

Radis : Oh non...

1 Radis たちはなぜ混乱したのだろうか？
Masamune たちの戦略を理解するために、Masamune たちとその仲間（les Manteaux Gris, les enfants, les chiens）、さらに敵の位置関係を表す適切な図を下から選べ。

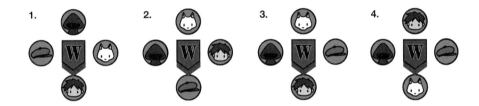

2 Masamune たちから見た WANO との位置関係をフランス語で書き、共有しろ。

[   ]

3 WANO のボスは作戦に失敗した Radis にどんな罰を与えたのだろうか？ 該当する文章をグループで日本語に訳し、解答しろ。

[   ]

こうして戦士たちは敵の攻撃をかわし、WANO の本部に近づいた。Masamune たちのレベルが上がった。おいしい料理の作り方を覚えた。敵をかく乱する歌を覚えた。知的な作戦を立て、それを実行することができる真の勇者になった。

La cuisine 料理
フランス料理は高級なイメージがあるけど、素朴な伝統料理もたくさんあるの。Cassoulet（カスレ）、quiche（キッシュ）、choucroute（シュークルート）、escargot（エスカルゴ）、galette（ガレット）なんかがそうね。外国料理も多くて、kebab（ケバブ）、phô（フォー）、pizza（ピザ）、falafel（ファラフェル）のほか、日本の sushi（寿司）や ramen（ラーメン）も人気！ Amadou は cassoulet が大好物なんだって。

Mission 13

Où est votre chef ?

ボスはどこだ？

Masamune たちは Vladimir の家を出て、敵の本部 la
tour des Étoiles の前に到達した。しかし不思議なこと
に、まったく人の気配がない。

CD2-31

Masamune : Qu'est-ce que c'est ?

Vladimir : C'est la tour des Étoiles !
L'antenne est en construction.
Quand elle sera achevée, ils contrôleront tous les serveurs et on
ne pourra plus utiliser que la langue universelle sur Internet.

Amadou : Il faut arrêter le projet de WANO. Nous devons les attaquer tout
de suite !

Sarah : Mais c'est bizarre. Regardez, il n'y a aucun gardien devant le
bâtiment.

もし la tour des Étoiles のアンテナが完成したら、どのような問題が起こるのだろう？
まず1人で答えを下から選び、その後グループで共有しろ。

① すぐにサーバーが攻撃され、インターネットが使えなくなる。

② WANO によって世界中にフェイクニュースが拡散される。

③ WANO がインターネットを制御し、統一言語しか使えなくなる。

④ 建物の中に潜んでいる警備員が全員出動し、攻撃をしかけてくる。

CD2-32

건物の1階に入ったとたん、檻に閉じ込められてしまった！早く脱出しなければならない。
脱出のためのパスワードは、「動詞の現在分詞」だ。グループのリーダーはいち早く答えを板書しろ。
他のグループに負けるな！

prendre → (　　　　　　　)

tenir → (　　　　　　　)

marcher → (　　　　　　　)

chanter → (　　　　　　　)

(86) CD2-33

épreuve 3

脱出したら急に周囲が真っ暗になり、無数の槍が飛んできた！ Vladimirの指示に従って槍をよけろ。指示どおりにすれば、すべての攻撃をかわすことができるぞ！

(87) CD2-34

épreuve 4

Masamuneたちは攻撃をかわしたが、今度は彼らの前にEndiveが現れ、Sarahに不意打ちをしかけてきた。会話を成立させないとMasamuneとSarahの気持ちは通じ合わない。グループで分担し、①から⑥に入る適切な言葉をA～Fから選び、（　　　）に入れろ！

Masamune : Attention ! Derrière toi !

Sarah : Qu'est-ce qu'il y a ?

Masamune : On t'attaque ! (Masamune protège Sarah) Aïe !

Endive : Ahahah, c'est fini pour toi !

Amadou : Je ne te pardonnerai jamais ! (Amadou immobilise Endive)

Sarah : (① 　　　　　　)

Masamune : (② 　　　　　　)

Sarah : (③ 　　　　　　)

Masamune : (④ 　　　　　　)

Amadou : Mais Masamune, tu n'as rien.

Sarah : (⑤ 　　　　　　)

Takeshi : (⑥ 　　　　　　)

A. Euuuh... (Sarah rougit)

B. Masamune, tiens bon !

C. Ne meurs pas ! Sans toi, je...

D. Ne t'inquiète pas pour moi...

E. Ouaf ! ouaf !

F. Sans moi ?

(88)
CD2-35

épreuve 5

無事にSarahを助けることができた。会話の最後で、TakeshiがMasamuneとSarahの関係について思ったことは何だろう？
下から適切なものを選べ。グループで相談し、見つかったらクラスで報告しろ。

1) Quelle horreur !
2) Quel beau couple !
3) Quel beau temps !
4) Quel bel os !

(89)
CD2-36

épreuve 6

Amadouは、捕まえたEndiveからボスの情報を聞き出した。
グループで話し合い、ボスの居場所を1)～4) から、ボスの顔をA～Eから選べ。

Endive : Ayez pitié de moi !

Amadou : D'accord, mais alors, dis-nous où il se trouve et comment il est !

Endive : Si je vous le dis, je serai obligé de nettoyer toutes les toilettes de la tour !

Amadou : Ce n'est pas notre problème ! Dis-le nous !

Endive : Bon... Euh... J'ai vu mon chef dans l'ascenseur en allant à mon bureau du 139ème étage. Il s'est arrêté au 141ème étage. C'est le dernier étage de la tour.

Il a la trentaine. Il est grand et brun. En général, il porte un costume bleu et une cravate rouge.

Amadou : Merci et bon ménage !

1)    2) 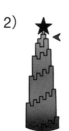   3) 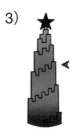   4)

A.

B.

C.

D.

E.

戦士たちは遂に塔の中枢部に近づいた。Masamuneたちのレベルが上がった。Masamuneたちは Radis のしかけた罠を、Vladimir の指示を聞きながら突破することができた。戦闘力をさらに高め、ボスの居場所に迫る。緊迫した状況だ。いよいよ決戦だ！

L'amour　恋愛

フランス人の出逢いのきっかけの場所は、昔はダンスパーティーなどだったけど、今は友達同士のホームパーティーよ。インターネットを通じて恋愛関係が結ばれることもよくあるみたい。付き合い始めると、お互いを chéri(e) と呼び合うのが定番だけど、中には mon chaton（子猫ちゃん）、ma puce（ノミちゃん）、mon lapin（ウサちゃん）、bébé（赤ちゃん）なんて呼ぶ人もいるのよ。すごいバリエーションね！ 日本でのバレンタインデー（la Saint-Valentin）は、女性が男性にチョコレートをあげる日になってるけど、フランスでは恋人同士がプレゼントし合うの。日本ではクリスマスにカップルで過ごすことが多いようだけど、フランスでは家族でお祝いする日よ。結婚を決めたら、市役所に届け出て披露宴をするけど、結婚式場みたいな場所は少なくて、地域のホールやお城を借りて1～2日かけてお祝いするのよ。Masamune と Sarah はいい感じだけど、これからどうなるのかしら？

La bataille de la tour des Étoiles

エトワール塔の戦い

Endiveから与えられた情報を元に、Masamuneたちはla tour des Étoilesの100階までやってきた。そこでは、隊長Carotteが待ち構えていた。

Carotteを倒せれば、エレベーターの鍵を奪ってボスの居場所に行くことができる。

1 Carotteはムチで攻撃してきた。ムチを振るうたびに言葉がほとばしる！ その言葉に正しく答えないと、地下の牢屋に入れられてしまうぞ。
最も適切な対話になるように質問と答えを結び、グループで共有しろ。

Les questions de Carotte
1) Tu aimes le français ?
2) Tu n'aimes pas la diversité ?
3) Tu n'es pas d'accord avec le projet de WANO ?
4) Tu veux nous aider ?
5) Tu m'aimes bien ?

Les réponses de Masamune
A. Jamais de la vie !
B. Non, je te déteste !
C. Non, je ne suis pas d'accord.
D. Oui, j'adore.
E. Si, bien sûr !

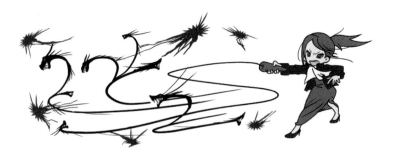

2 Carotteは怒り狂い、スピードアップして同じ質問攻撃をしてきた。
最後まで間違えず、すべて正しく答えろ！

épreuve 2

すべての質問攻撃にMasamuneたちが応答したので、ムチはCarotteの体に絡まり、彼女は身動きが取れなくなってしまった。MasamuneたちはCarotteを倒した。鍵を手に入れ、遂にボスのいる最上階にたどり着いた！

92 **1** ボスはMasamuneたちに語りかけてきた。
CD2-39 グループで話し合って（　　　　）内の適切なものを選び、ボスの主張を明確にしろ。

Bienvenue ! Vous êtes très forts donc vous méritez de parler avec moi. Regardez ! Ce monde sera bientôt le mien. Avec la langue universelle, j'unifierai tous les pays. Si tous les hommes parlaient notre langue, le monde serait en paix. Je sais que vous êtes très intelligents et que vous allez prendre la meilleure décision. N'est-ce pas ?

（**1.**よく来た！　**2.**遅いぞ！）お前らは、（**1.**部下にするとメリットがあるから　**2.**強くなったから）私と話をするに値するだろう。見ろ！ 世界はもうすぐ（**1.**お前たちのものだ　**2.**俺のものだ）。統一言語で、われわれはあらゆる（**1.**国々　**2.**通貨）を統一する。もしすべての人々が統一言語を話していたら、世界はもっと（**1.**乱れている　**2.**平和になっている）だろうに。君たちは賢いから、（**1.**自ら最善の決定を下せる　**2.**私に最善の方策を教えてくれる）はずだ。そうだろう？

93 **2** ボスは《 Vous ne voulez pas travailler avec moi ? 》と聞いてきた。
CD2-40 で身につけた表現を使って拒絶しろ！

Masamuneたちに拒絶されて、怒ったボスが襲いかかってきた。Vladimirの指示に従って攻撃の呪文を唱えろ！

まず音声を聞き、正しいスペルで呪文を書きとれ。次に、クラスで発表しろ。一番早く言えたグループが、ボスに会心の一撃を与えることができる！

Masamune : ( )

Sarah : ( )

Amadou : ( )

ボスが呪文《Mirage》を唱えると、6体の幻影が立ち現れて一斉攻撃してきた。本物のボスを見つけ出し、剣・杖・弓で反撃だ！

グループで分担してA〜Fの呪文を解読し、論理的に正しい文を1つ選べ。その声の持ち主が、幻影の本体だ！

A. S'il fait chaud, je prends mon manteau.

B. Si je veux acheter du poisson, je vais à la boulangerie.

C. Si je veux jouer au tennis, je vais dans un stade.

D. Si j'ai faim, je mange un hamburger.

E. Si je vais dans un restaurant, je dois d'abord prendre un dessert.

F. Si j'ai mal à la tête, je vais chez le dentiste.

96
CD2-43

怒り狂ったボスは、アーティチョークのモンスターと化して全力で攻撃してきた！
グループで分担し、クロスワードを10分間で解いて弱点を見つけろ。10分後、答えの単語を同時に発音し、その部位をMasamuneの剣で切り裂け！

2. 10 × 100	6. Alcool populaire en France
3. On peut y nager	7. Exercices à la maison
4. Capitale de la France	8. Après le sujet
5. Après samedi	9. Saison la plus chaude

La bonne réponse est ce que déteste le plus WANO :

Horizontal 1

ボスは痛恨の一撃を受け、怒り狂ってla tour des Étoilesの自爆装置のボタンを押した。すさまじい物音とともに建物に亀裂が生じ、塔が崩れ落ちていく！そのとき、monsieur Lunettesの操縦するヘリが飛来した。Masamuneたちは急いで乗り込み、間一髪で脱出する！塔はうなるような轟音をあげてみるみるうちに崩れ落ち、完全に崩壊してしまった。WANOの最後だ。
Masamuneたちは地球上にある言葉と世界を救い、歴史を塗りかえる勇者となった。やったぜ！

Mission **15**

Le chant de l'espoir

希望のうた

廃墟と化した塔の前で立ち尽くすMasamune。そのとき、Sarahが口ずさむように歌いだした。
それはもの悲しい響きをしていた。
歌詞を美しい日本語に訳せ。共に歌って彼女の気持ちを理解しろ。

 97
CD2-44

L'hiver hélas n'en finit plus de mourir
Et les amandiers ont cessé de fleurir
Ô nuit, si seule, loin de mon pays
Ne me reste que le lointain souvenir
Des fêtes de printemps près des miens

Nous nous reverrons sous les fleurs d'amandier
Partageant comme avant les gâteaux au miel
Par-delà les forêts, les monts et la mer
Nous chantons nos cœurs emplis d'espoir

 épreuve 1

Masamuneの心の中に、今までの光景が次々とよみがえってきた。

 98
CD2-45

1 以下の文章にふさわしい絵を選び、経験したストーリーの順番に並べろ。

J'ai acheté un objet au marché aux puces.

Grâce à Vladimir, j'ai rencontré Amadou et Sarah.

Je me suis entraîné avec monsieur Lunettes.

Nous sommes montés à la capitale en train.

J'ai préparé un bon plat avec mes amis.

La tour des Étoiles a été détruite.

順番 (　　　)➡(　　　)➡(　　　)➡(　　　)➡(　　　)➡(　　　)

2 これまでのストーリーにふさわしいタイトルを下の語群から選び、その理由をフランス語で書いて、グループ内で言え。冒険を言葉にしてお互いに伝え合い、感情を共有するんだ。

A. La peur   **B.** L'amitié   **C.** La patience

D. La joie   **E.** Le courage   **F.** La surprise

【例】J'ai choisi «   » parce que _____

_____

凱旋パーティーで、仲間たちがMasamuneたち3人を祝福してくれた。これからの自分たちの夢について語ろう！

音声を聞き、グループで分担して、10年後の3人の未来の姿を絵に描いてみよう。次に、それらをクラスで共有しろ。

épreuve 3

Masamune、Sarah、Amadou、Vladimirの4人が今後について話しているのに、Takeshiが吠えて邪魔をする。何を言っているのかわからない。

グループで分担し、（　　　）に入る正しい言葉を A ～ D から選んで、筋の通る会話にしろ！ ただし、同じ言葉を2回使ってはならない。

Masamune : Désormais, il faut que je retourne dans (　**1**　) pour revoir ma famille.

Sarah : Je dois chercher (　**2**　).

Amadou : Et toi Vladimir, qu'est-ce que tu vas faire ?

Vladimir : J'ai besoin d'(　**3**　) parce que je voudrais créer (　**4**　).

Masamune, Sarah et Amadou : Nous allons te donner un coup de main.

Takeshi : Ouaf ! ouaf ! (J'ai faim. Il faut que je trouve un os !)

A. une nouvelle maison

B. des œuvres d'art

C. mes parents

D. mon pays

CD2-49

Masamuneたちは、Vladimirのために家の間取りを考えてあげることにした。
Vladimirに必要なものを考え、下の語彙を使って家の間取り図を描こう！ 次に、グループ内でもっと
もよかったものを１つ選び、クラスで発表しよう。

    une salle de bain   des toilettes   une cuisine   une chambre

    un salon   une entrée   un escalier   un couloir   un jardin

    une piscine   un atelier   un garage   un bureau

数か月後、Vladimirの家が完成した。別れのときがやってきた。この冒険を糧に、みんなは新しい未来に向かって旅立った。

旅立ちからさらに数か月後、Vladimirからメールが送られてきた。みんなも、お互いのメンバーにメッセージを書こう。この長い冒険の思い出になるぞ！
下の文章を参考に、グループのメンバーにメッセージを書き、お互いに交換しよう。

Bonjour mes amis,

Comment allez-vous ? Grâce à vous, j'ai du succès !

Je vous envoie une photo de Takeshi, avec ma dernière œuvre à côté.

Merci beaucoup Masamune. Tu as toujours été curieux et courageux.

Merci beaucoup Sarah. Tu es gentille et très intelligente.

Merci beaucoup Amadou. Tu as toujours su garder ton sang-froid.

Je vous souhaite plein de bonnes choses. N'oubliez jamais cette phrase d'Albert Camus :

« Je comprends ici ce qu'on appelle gloire : le droit d'aimer sans mesure. »

Vladimir

こうして勇者Masamuneの物語は終わった。希望や願いを言えるようになった。暗黒の時代は終わり、新たなる時代の幕開けに一条の希望の光が差した。勇者たちの伝説は永遠に語り継がれるだろう。

Fin -

 ボーナストラック：« Le chant de l'espoir 希望のうた » フルバージョン
（フルバージョンの歌詞は、別冊『Grimoire de français』pp.59-60 に掲載）
CD2-51

動詞活用表

不定詞 現在分詞 過去分詞	直　説　法			条　件　法	接　続　法
	現　在	半　過　去	単純未来	現　在	現　在
1. **acheter** 買う achetant acheté	j'　achète tu　achètes il　achète n.　achetons v.　achetez ils　achètent	j'　achetais tu　achetais il　achetait n.　achetions v.　achetiez ils　achetaient	j'　achèterai tu　achèteras il　achètera n.　achèterons v.　achèterez ils　achèteront	j'　achèterais tu　achèterais il　achèterait n.　achèterions v.　achèteriez ils　achèteraient	que j'　achète que tu　achètes qu'il　achète que n.　achetions que v.　achetiez qu'ils　achètent
2. **aimer** 愛する aimant aimé	j'　aime tu　aimes il　aime n.　aimons v.　aimez ils　aiment	j'　aimais tu　aimais il　aimait n.　aimions v.　aimiez ils　aimaient	j'　aimerai tu　aimeras il　aimera n.　aimerons v.　aimerez ils　aimeront	j'　aimerais tu　aimerais il　aimerait n.　aimerions v.　aimeriez ils　aimeraient	que j'　aime que tu　aimes qu'il　aime que n.　aimions que v.　aimiez qu'ils　aiment
3. **aller** 行く allant allé	je　vais tu　vas il　va n.　allons v.　allez ils　vont	j'　allais tu　allais il　allait n.　allions v.　alliez ils　allaient	j'　irai tu　iras il　ira n.　irons v.　irez ils　iront	j'　irais tu　irais il　irait n.　irions v.　iriez ils　iraient	que j'　aille que tu　ailles qu'il　aille que n.　allions que v.　alliez qu'ils　aillent
4. **appeler** 呼ぶ appelant appelé	j'　appelle tu　appelles il　appelle n.　appelons v.　appelez ils　appellent	j'　appelais tu　appelais il　appelait n.　appelions v.　appeliez ils　appelaient	j'　appellerai tu　appelleras il　appellera n.　appellerons v.　appellerez ils　appelleront	j'　appellerais tu　appellerais il　appellerait n.　appellerions v.　appelleriez ils　appelleraient	que j'　appelle que tu　appelles qu'il　appelle que n.　appelions que v.　appeliez qu'ils　appellent
5. **asseoir** 座らせる asseyant / assoyant assis	j'　assieds tu　assieds il　assied n.　asseyons v.　asseyez ils　asseyent	j'　asseyais tu　asseyais il　asseyait n.　asseyions v.　asseyiez ils　asseyaient	j'　assiérai tu　assiéras il　assiéra n.　assiérons v.　assiérez ils　assiéront	j'　assiérais tu　assiérais il　assiérait n.　assiérions v.　assiériez ils　assiéraient	que j'　asseye que tu　asseyes qu'il　asseye que n.　asseyions que v.　asseyiez qu'ils　asseyent
	j'　assois tu　assois il　assoit n.　assoyons v.　assoyez ils　assoient	j'　assoyais tu　assoyais il　assoyait n.　assoyions v.　assoyiez ils　assoyaient	j'　assoirai tu　assoiras il　assoira n.　assoirons v.　assoirez ils　assoiront	j'　assoirais tu　assoirais il　assoirait n.　assoirions v.　assoiriez ils　assoiraient	que j'　assoie que tu　assoies qu'il　assoie que n.　assoyions que v.　assoyiez qu'ils　assoient
6. **avoir** 持っている ayant eu	j'　ai tu　as il　a n.　avons v.　avez ils　ont	j'　avais tu　avais il　avait n.　avions v.　aviez ils　avaient	j'　aurai tu　auras il　aura n.　aurons v.　aurez ils　auront	j'　aurais tu　aurais il　aurait n.　aurions v.　auriez ils　auraient	que j'　aie que tu　aies qu'il　ait que n.　ayons que v.　ayez qu'ils　aient
7. **battre** 打つ battant battu	je　bats tu　bats il　bat n.　battons v.　battez ils　battent	je　battais tu　battais ils　battait n.　battions v.　battiez ils　battaient	je　battrai tu　battras il　battra n.　battrons v.　battrez ils　battront	je　battrais tu　battrais il　battrait n.　battrions v.　battriez ils　battraient	que je　batte que tu　battes qu'il　batte que n.　battions que v.　battiez qu'ils　battent
8. **boire** 飲む buvant bu	je　bois tu　bois il　boit n.　buvons v.　buvez ils　boivent	je　buvais tu　buvais il　buvait n.　buvions v.　buviez ils　buvaient	je　boirai tu　boiras il　boira n.　boirons v.　boirez ils　boiront	je　boirais tu　boirais il　boirait n.　boirions v.　boiriez ils　boiraient	que je　boive que tu　boives qu'il　boive que n.　buvions que v.　buviez qu'ils　boivent

不定詞 現在分詞 過去分詞	直　説　法			条　件　法	接　続　法
	現　　在	半　過　去	単　純　未　来	現　　在	現　　在
9. **conduire** 運転する conduisant conduit	je conduis tu conduis il conduit n. conduisons v. conduisez ils conduisent	je conduisais tu conduisais il conduisait n. conduisions v. conduisiez ils conduisaient	je conduirai tu conduiras il conduira n. conduirons v. conduirez ils conduiront	je conduirais tu conduirais il conduirait n. conduirions v. conduiriez ils conduiraient	que je conduise que tu conduises qu'il conduise que n. conduisions que v. conduisiez qu'ils conduisent
10. **connaître** 知っている connaissant connu	je connais tu connais il connaît n. connaissons v. connaissez ils connaissent	je connaissais tu connaissais il connaissait n. connaissions v. connaissiez ils connaissaient	je connaîtrai tu connaîtras il connaîtra n. connaîtrons v. connaîtrez ils connaîtront	je connaîtrais tu connaîtrais il connaîtrait n. connaîtrions v. connaîtriez ils connaîtraient	que je connaisse que tu connaisses qu'il connaisse que n. connaissions que v. connaissiez qu'ils connaissent
11. **courir** 走る courant couru	je cours tu cours il court n. courons v. courez ils courent	je courais tu courais il courait n. courions v. couriez ils couraient	je courrai tu courras il courra n. courrons v. courrez ils courront	je courrais tu courrais il courrait n. courrions v. courriez ils courraient	que je coure que tu coures qu'il coure que n. courions que v. couriez qu'ils courent
12. **craindre** おそれる craignant craint	je crains tu crains il craint n. craignons v. craignez ils craignent	je craignais tu craignais il craignait n. craignions v. craigniez ils craignaient	je craindrai tu craindras il craindra n. craindrons v. craindrez ils craindront	je craindrais tu craindrais il craindrait n. craindrions v. craindriez ils craindraient	que je craigne que tu craignes qu'il craigne que n. craignions que v. craigniez qu'ils craignent
13. **croire** 信じる croyant cru	je crois tu crois il croit n. croyons v. croyez ils croient	je croyais tu croyais il croyait n. croyions v. croyiez ils croyaient	je croirai tu croiras il croira n. croirons v. croirez ils croiront	je croirais tu croirais il croirait n. croirions v. croiriez ils croiraient	que je croie que tu croies qu'il croie que n. croyions que v. croyiez qu'ils croient
14. **devoir** …しなけれ ばならない devant dû	je dois tu dois il doit n. devons v. devez ils doivent	je devais tu devais il devait n. devions v. deviez ils devaient	je devrai tu devras il devra n. devrons v. devrez ils devront	je devrais tu devrais il devrait n. devrions v. devriez ils devraient	que je doive que tu doives qu'il doive que n. devions que v. deviez qu'ils doivent
15. **dire** 言う disant dit	je dis tu dis il dit n. disons v. dites ils disent	je disais tu disais il disait n. disions v. disiez ils disaient	je dirai tu diras il dira n. dirons v. direz ils diront	je dirais tu dirais il dirait n. dirions v. diriez ils diraient	que je dise que tu dises qu'il dise que n. disions que v. disiez qu'ils disent
16. **écrire** 書く écrivant écrit	j' écris tu écris il écrit n. écrivons v. écrivez ils écrivent	j' écrivais tu écrivais il écrivait n. écrivions v. écriviez ils écrivaient	j' écrirai tu écriras il écrira n. écrirons v. écrirez ils écriront	j' écrirais tu écrirais il écrirait n. écririons v. écririez ils écriraient	que j' écrive que tu écrives qu'il écrive que n. écrivions que v. écriviez qu'ils écrivent
17. **employer** 使う，雇う employant employé	j' emploie tu emploies il emploie n. employons v. employez ils emploient	j' employais tu employais il employait n. employions v. employiez ils employaient	j' emploierai tu emploieras il emploiera n. emploierons v. emploierez ils emploieront	j' emploierais tu emploierais il emploierait n. emploierions v. emploieriez ils emploieraient	que j' emploie que tu emploies qu'il emploie que n. employions que v. employiez qu'ils emploient

| 不定詞
現在分詞
過去分詞 | 直　説　法 | | | 条　件　法 | 接　続　法 |
	現　在	半　過　去	単純未来	現　在	現　在
18. **envoyer** 送る envoyant envoyé	j' envoie tu envoies il envoie n. envoyons v. envoyez ils envoient	j' envoyais tu envoyais il envoyait n. envoyions v. envoyiez ils envoyaient	j' enverrai tu enverras il enverra n. enverrons v. enverrez ils enverront	j' enverrais tu enverrais il enverrait n. enverrions v. enverriez ils enverraient	que j' envoie que tu envoies qu'il envoie que n. envoyions que v. envoyiez qu'ils envoient
19. **être** …である étant été	je suis tu es il est n. sommes v. êtes ils sont	j' étais tu étais il était n. étions v. étiez ils étaient	je serai tu seras il sera n. serons v. serez ils seront	je serais tu serais il serait n. serions v. seriez ils seraient	que je sois que tu sois qu'il soit que n. soyons que v. soyez qu'ils soient
20. **faire** 作る faisant fait	je fais tu fais il fait n. faisons v. faites ils font	je faisais tu faisais il faisait n. faisions v. faisiez ils faisaient	je ferai tu feras il fera n. ferons v. ferez ils feront	je ferais tu ferais il ferait n. ferions v. feriez ils feraient	que je fasse que tu fasses qu'il fasse que n. fassions que v. fassiez qu'ils fassent
21. **falloir** 必要である - fallu	il faut	il fallait	il faudra	il faudrait	qu'il faille
22. **finir** 終える finissant fini	je finis tu finis il finit n. finissons v. finissez ils finissent	je finissais tu finissais il finissait n. finissions v. finissiez ils finissaient	je finirai tu finiras il finira n. finirons v. finirez ils finiront	je finirais tu finirais il finirait n. finirions v. finiriez ils finiraient	que je finisse que tu finisses qu'il finisse que n. finissions que v. finissiez qu'ils finissent
23. **fuir** 逃げる fuyant fui	je fuis tu fuis il fuit n. fuyons v. fuyez ils fuient	je fuyais tu fuyais il fuyait n. fuyions v. fuyiez ils fuyaient	je fuirai tu fuiras il fuira n. fuirons v. fuirez ils fuiront	je fuirais tu fuirais il fuirait n. fuirions v. fuiriez ils fuiraient	que je fuie que tu fuies qu'il fuie que n. fuyions que v. fuyiez qu'ils fuient
24. **lire** 読む lisant lu	je lis tu lis il lit n. lisons v. lisez ils lisent	je lisais tu lisais il lisait n. lisions v. lisiez ils lisaient	je lirai tu liras il lira n. lirons v. lirez ils liront	je lirais tu lirais il lirait n. lirions v. liriez ils liraient	que je lise que tu lises qu'il lise que n. lisions que v. lisiez qu'ils lisent
25. **manger** 食べる mangeant mangé	je mange tu manges il mange n. mangeons v. mangez ils mangent	je mangeais tu mangeais il mangeait n. mangions v. mangiez ils mangeaient	je mangerai tu mangeras il mangera n. mangerons v. mangerez ils mangeront	je mangerais tu mangerais il mangerait n. mangerions v. mangeriez ils mangeraient	que je mange que tu manges qu'il mange que n. mangions que v. mangiez qu'ils mangent
26. **mettre** 置く mettant mis	je mets tu mets il met n. mettons v. mettez ils mettent	je mettais tu mettais il mettait n. mettions v. mettiez ils mettaient	je mettrai tu mettras il mettra n. mettrons v. mettrez ils mettront	je mettrais tu mettrais il mettrait n. mettrions v. mettriez ils mettraient	que je mette que tu mettes qu'il mette que n. mettions que v. mettiez qu'ils mettent

不定詞 現在分詞 過去分詞	直　説　法			条　件　法	接　続　法
	現　在	半過去	単純未来	現　在	現　在
27. **mourir** 死ぬ mourant mort	je meurs tu meurs il meurt n. mourons v. mourez ils meurent	je mourais tu mourais il mourait n. mourions v. mouriez ils mouraient	je mourrai tu mourras il mourra n. mourrons v. mourrez ils mourront	je mourrais tu mourrais il mourrait n. mourrions v. mourriez ils mourraient	que je meure que tu meures qu'il meure que n. mourions que v. mouriez qu'ils meurent
28. **naître** 生まれる naissant né	je nais tu nais il naît n. naissons v. naissez ils naissent	je naissais tu naissais il naissait n. naissions v. naissiez ils naissaient	je naîtrai tu naîtras il naîtra n. naîtrons v. naîtrez ils naîtront	je naîtrais tu naîtrais il naîtrait n. naîtrions v. naîtriez ils naîtraient	que je naisse que tu naisses qu'il naisse que n. naissions que v. naissiez qu'ils naissent
29. **ouvrir** 開ける ouvrant ouvert	j' ouvre tu ouvres il ouvre n. ouvrons v. ouvrez ils ouvrent	j' ouvrais tu ouvrais il ouvrait n. ouvrions v. ouvriez ils ouvraient	j' ouvrirai tu ouvriras il ouvrira n. ouvrirons v. ouvrirez ils ouvriront	j' ouvrirais tu ouvrirais il ouvrirait n. ouvririons v. ouvririez ils ouvriraient	que j' ouvre que tu ouvres qu'il ouvre que n. ouvrions que v. ouvriez qu'ils ouvrent
30. **partir** 出発する partant parti	je pars tu pars il part n. partons v. partez ils partent	je partais tu partais il partait n. partions v. partiez ils partaient	je partirai tu partiras il partira n. partirons v. partirez ils partiront	je partirais tu partirais il partirait n. partirions v. partiriez ils partiraient	que je parte que tu partes qu'il parte que n. partions que v. partiez qu'ils partent
31. **payer** 払う payant payé	je paie tu paies il paie n. payons v. payez ils paient	je payais tu payais il payait n. payions v. payiez ils payaient	je paierai tu paieras il paiera n. paierons v. paierez ils paieront	je paierais tu paierais il paierait n. paierions v. paieriez ils paieraient	que je paie que tu paies qu'il paie que n. payions que v. payiez qu'ils paient
32. **placer** 置く plaçant placé	je place tu places il place n. plaçons v. placez ils placent	je plaçais tu plaçais il plaçait n. placions v. placiez ils plaçaient	je placerai tu placeras il placera n. placerons v. placerez ils placeront	je placerais tu placerais il placerait n. placerions v. placeriez ils placeraient	que je place que tu places qu'il place que n. placions que v. placiez qu'ils placent
33. **plaire** 気に入る plaisant plu	je plais tu plais il plaît n. plaisons v. plaisez ils plaisent	je plaisais tu plaisais il plaisait n. plaisions v. plaisiez ils plaisaient	je plairai tu plairas il plaira n. plairons v. plairez ils plairont	je plairais tu plairais il plairait n. plairions v. plairiez ils plairaient	que je plaise que tu plaises qu'il plaise que n. plaisions que v. plaisiez qu'ils plaisent
34. **pleuvoir** 雨が降る pleuvant plu	il pleut	il pleuvait	il pleuvra	il pleuvrait	qu'il pleuve
35. **pouvoir** …できる pouvant pu	je peux tu peux il peut n. pouvons v. pouvez ils peuvent	je pouvais tu pouvais il pouvait n. pouvions v. pouviez ils pouvaient	je pourrai tu pourras il pourra n. pourrons v. pourrez ils pourront	je pourrais tu pourrais il pourrait n. pourrions v. pourriez ils pourraient	que je puisse que tu puisses qu'il puisse que n. puissions que v. puissiez qu'ils puissent

不定詞 現在分詞 過去分詞	直　説　法			条　件　法	接　続　法
	現　在	半　過　去	単　純　未　来	現　在	現　在
36. **préférer** より好む préférant préféré	je préfère tu préfères il préfère n. préférons v. préférez ils préfèrent	je préférais tu préférais il préférait n. préférions v. préfériez ils préféraient	je préférerai tu préféreras il préférera n. préférerons v. préférerez ils préféreront	je préférerais tu préférerais il préférerait n. préférerions v. préféreriez ils préféreraient	que je préfère que tu préfères qu'il préfère que n. préférions que v. préfériez qu'ils préfèrent
37. **prendre** 手に取る prenant pris	je prends tu prends il prend n. prenons v. prenez ils prennent	je prenais tu prenais ils prenait n. prenions v. preniez ils prenaient	je prendrai tu prendras il prendra n. prendrons v. prendrez ils prendront	je prendrais tu prendrais il prendrait n. prendrions v. prendriez ils prendraient	que je prenne que tu prennes qu'il prenne que n. prenions que v. preniez qu'ils prennent
38. **recevoir** 受け取る recevant reçu	je reçois tu reçois il reçoit n. recevons v. recevez ils reçoivent	je recevais tu recevais il recevait n. recevions v. receviez ils recevaient	je recevrai tu recevras il recevra n. recevrons v. recevrez ils recevront	je recevrais tu recevrais il recevrait n. recevrions v. recevriez ils recevraient	que je reçoive que tu reçoives qu'il reçoive que n. recevions que v. receviez qu'ils reçoivent
39. **rendre** 返す rendant rendu	je rends tu rends il rend n. rendons v. rendez ils rendent	je rendais tu rendais il rendait n. rendions v. rendiez ils rendaient	je rendrai tu rendras il rendra n. rendrons v. rendrez ils rendront	je rendrais tu rendrais il rendrait n. rendrions v. rendriez ils rendraient	que je rende que tu rendes qu'il rende que n. rendions que v. rendiez qu'ils rendent
40. **résoudre** 解く résolvant résolu	je résous tu résous il résout n. résolvons v. résolvez ils résolvent	je résolvais tu résolvais il résolvait n. résolvions v. résolviez ils résolvaient	je résoudrai tu résoudras il résoudra n. résoudrons v. résoudrez ils résoudront	je résoudrais tu résoudrais il résoudrait n. résoudrions v. résoudriez ils résoudraient	que je résolve que tu résolves qu'il résolve que n. résolvions que v. résolviez qu'ils résolvent
41. **rire** 笑う riant ri	je ris tu ris il rit n. rions v. riez ils rient	je riais tu riais il riait n. riions v. riiez ils riaient	je rirai tu riras il rira n. rirons v. rirez ils riront	je rirais tu rirais il rirait n. ririons v. ririez ils riraient	que je rie que tu ries qu'il rie que n. riions que v. riiez qu'ils rient
42. **savoir** 知っている sachant su	je sais tu sais il sait n. savons v. savez ils savent	je savais tu savais il savait n. savions v. saviez ils savaient	je saurai tu sauras il saura n. saurons v. saurez ils sauront	je saurais tu saurais il saurait n. saurions v. sauriez ils sauraient	que je sache que tu saches qu'il sache que n. sachions que v. sachiez qu'ils sachent
43. **suffire** 足りる suffisant suffi	je suffis tu suffis il suffit n. suffisons v. suffisez ils suffisent	je suffisais tu suffisais il suffisait n. suffisions v. suffisiez ils suffisaient	je suffirai tu suffiras il suffira n. suffirons v. suffirez ils suffiront	je suffirais tu suffirais il suffirait n. suffirions v. suffiriez ils suffiraient	que je suffise que tu suffises qu'il suffise que n. suffisions que v. suffisiez qu'ils suffisent
44. **suivre** ついて行く suivant suivi	je suis tu suis il suit n. suivons v. suivez ils suivent	je suivais tu suivais il suivait n. suivions v. suiviez ils suivaient	je suivrai tu suivras il suivra n. suivrons v. suivrez ils suivront	je suivrais tu suivrais il suivrait n. suivrions v. suivriez ils suivraient	que je suive que tu suives qu'il suive que n. suivions que v. suiviez qu'ils suivent

不 定 詞 現在分詞 過去分詞	直　　説　　法			条 件 法	接 続 法
	現　　在	半 過 去	単純未来	現　　在	現　　在
45. **vaincre** 打ち破る vainquant vaincu	je vaincs tu vaincs il vainc n. vainquons v. vainquez ils vainquent	je vainquais tu vainquais il vainquait n. vainquions v. vainquiez ils vainquaient	je vaincrai tu vaincras il vaincra n. vaincrons v. vaincrez ils vaincront	je vaincrais tu vaincrais il vaincrait n. vaincrions v. vaincriez ils vaincraient	que je vainque que tu vainques qu'il vainque que n. vainquions que v. vainquiez qu'ils vainquent
46. **valoir** 価値がある valant valu	je vaux tu vaux il vaut n. valons v. valez ils valent	je valais tu valais il valait n. valions v. valiez ils valaient	je vaudrai tu vaudras il vaudra n. vaudrons v. vaudrez ils vaudront	je vaudrais tu vaudrais il vaudrait n. vaudrions v. vaudriez ils vaudraient	que je vaille que tu vailles qu'il vaille que n. valions que v. valiez qu'ils vaillent
47. **venir** 来る venant venu	je viens tu viens il vient n. venons v. venez ils viennent	je venais tu venais il venait n. venions v. veniez ils venaient	je viendrai tu viendras il viendra n. viendrons v. viendrez ils viendront	je viendrais tu viendrais il viendrait n. viendrions v. viendriez ils viendraient	que je vienne que tu viennes qu'il vienne que n. venions que v. veniez qu'ils viennent
48. **vivre** 生きる vivant vécu	je vis tu vis il vit n. vivons v. vivez ils vivent	je vivais tu vivais il vivait n. vivions v. viviez ils vivaient	je vivrai tu vivras il vivra n. vivrons v. vivrez ils vivront	je vivrais tu vivrais il vivrait n. vivrions v. vivriez ils vivraient	que je vive que tu vives qu'il vive que n. vivions que v. viviez qu'ils vivent
49. **voir** 見る voyant vu	je vois tu vois il voit n. voyons v. voyez ils voient	je voyais tu voyais il voyait n. voyions v. voyiez ils voyaient	je verrai tu verras il verra n. verrons v. verrez ils verront	je verrais tu verrais il verrait n. verrions v. verriez ils verraient	que je voie que tu voies qu'il voie que n. voyions que v. voyiez qu'ils voient
50. **vouloir** 欲しい voulant voulu	je veux tu veux il veut n. voulons v. voulez ils veulent	je voulais tu voulais il voulait n. voulions v. vouliez ils voulaient	je voudrai tu voudras il voudra n. voudrons v. voudrez ils voudront	je voudrais tu voudrais il voudrait n. voudrions v. voudriez ils voudraient	que je veuille que tu veuilles qu'il veuille que n. voulions que v. vouliez qu'ils veuillent

Grande Arche

Av. Charles de Gaulle

Av. de la Grande Armée

Av. Foch

Av. Victor Hugo

Av. Kléber

Arc de Triomphe

Av. Marceau

Av. George V

Bd Berthier

Av. de Wagram

Av. Hoche

Parc de Monceau

Bd Malesherbes

Rue du Faubourg St-Honoré

Av. des Champs-Élysées

Av. de Clichy

Cimetièr Montmar

Bd des Batignolles

Gare St-Lazar

Bd Haussman

Opé Gar

Place de la Concorde

Jardin des Tuile

Quai des Tuileri

Quai d'Orsay

Bois de Boulogne

Palais de Chaillot

Av. du Président Kennedy

Tour Eiffel

Champ de Mars

Av. de Suffren

Bd Garibaldi

Hôtel des Invalides

Musée d'Orsa

Bd des Invalides

Av. de Breteuil

Bd Raspail

Rue de

Tour Montparnasse

Av. Félix Faure

Rue Lecourbe

Rue de Vaugirard

Bd Pasteur

Gare Montparnasse

Cimetière d Montparnas

Av. du Maine

PARIS

Basilique du
Sacré-Coeur

Moulin Rouge

Bd Barbès

La Villette

Av. Jean Jaurès

Rue Manin

Gare du
Nord

Parc des
Buttes-Chaumont

Rue La Fayette

Bd de Magenta

Gare de
l'Est

Canal St-Martin

Bd de Strasbourg

Bd Montmartre

Rue du 4 Septembre

Bd de Sébastopol

Bd St-Martin

sée du Louvre

Centre Pompidou

Rue de Rivoli

Bd Beaumarchais

Av. Parmentier

Av. de la République

Bd Richard

Bd de Ménilmontant

Cimetière du
Père Lachaise

Av. Philippe Auguste

Notre-Dame

Place des Vosges

Colonne de Juillet

ise
Germain
-Prés

Bd Saint-Michel

Rue Saint Jacques

Bd St-Germain

din du
mbourg

Panthéon

Quai St-Bernard

Bd Henri IV

Bd de la Bastille

Bd Voltaire

Opéra Bastille

Jardin des
Plantes

Bd Diderot

Gare de Lyon

Rue Claude
Bernard

Av. des Gobelins

Bd de l'Hôpital

Gare
d'Austerlitz

Bd de Port Royal

Bd Arago

Bd Vincent Auriol

Palais Omnisports
Parc de Bercy

Place d'Italie

Av. d'Italie

Bois de Vincennes

Parc
ontsouris

本書の世界を作り上げた勇者たち

● 教科書担当

惟村 宣明
Nobuaki KOREMURA

深井 陽介
Yosuke FUKAI

中條 健志
Takeshi CHUJO

ブルーノ ティノ
Tino BRUNO

● ナレーション担当

ボーヴィウ マリ=ノエル
Marie-Noëlle BEAUVIEUX

ソゼド ベルトラン
Bertrand SAUZEDDE

ダルデン クレマン
Clément DARDENNE

● 音楽担当

西田 麻希子
Makiko NISHIDA

● イラスト担当

今西 久美子
Kumiko IMANISHI

著者

惟村 宣明（これむら のぶあき）　東海大学

深井 陽介（ふかい ようすけ）　東北大学

中條 健志（ちゅうじょう たけし）東海大学

BRUNO Tino（ブルーノ・ティノ）京都産業大学

本文イラスト・装幀

今西 久美子（いまにし くみこ）

まさむねでん
政宗伝 － ＲＰＧ で学ぶフランス語 －
ロールプレイングゲーム　　　　　　　　　　　　　ご

2020年2月20日　第1版発行
2023年8月20日　第4版発行

著　者　　惟村宣明　深井陽介　中條健志　BRUNO Tino

発行者　　前田俊秀

発行所　　株式会社 三修社
　　　　　〒150-0001 東京都渋谷区神宮前2-2-22
　　　　　TEL 03-3405-4511　　FAX 03-3405-4522
　　　　　振替 00190-9-72758
　　　　　https://www.sanshusha.co.jp
　　　　　編集担当　松居奈都

印刷・製本所　　日経印刷株式会社

© 2020 Printed in Japan
ISBN978-4-384-22056-8 C1085
BGM制作　　西田麻希子／深井陽介
ナレーター　Marie-Noëlle BEAUVIEUX / Bertrand SAUZEDDE / Clément DARDENNE / Tino BRUNO
準拠音声制作　株式会社メディアスタイリスト
編集協力　坂口友弥

教科書準拠CD発売
本書の準拠CDをご希望の方は弊社までお問い合わせください。

GRIMOIRE DE FRANÇAIS

グリモワール

───── ふらんす語奥義之書 ─────

フランス語を志す者
心してこの奥深き法則を学び
伝説の勇者となれ

政宗伝

SANSHUSHA

RPGで学ぶフランス語

GRIMOIRE DE FRANÇAIS

SANSHUSHA

La grande porte　大いなる扉　　　　　　　　　　　　　　　　　　1

・フランス語の音の世界　・アルファベと記号　・フランス語の単語の読み方　・読み方の特徴

Mission 1　　　　　　　　　　　　　　　　　　　　　　　　　　3

Ⅴ・アルファベ　・国籍（1）　・職業（1）　・数詞1~20

Ｇ・名詞の性　・動詞êtreの活用　・主語人称代名詞

Mission 2　　　　　　　　　　　　　　　　　　　　　　　　　　6

Ⅴ・数詞21~29　・年齢　・国籍（2）　・飲み物　・衣服、持ち物　・色

Ｇ・不定冠詞と定冠詞　・名詞の複数形　・形容詞　・動詞avoirの活用　・強勢形人称代名詞

Mission 3　　　　　　　　　　　　　　　　　　　　　　　　　10

Ⅴ・国名　・言語　・職業（2）

Ｇ・疑問文　・否定文　・quelによる疑問文／qu'est-ce queによる疑問文

　・所有形容詞　・er動詞の活用

Mission 4　　　　　　　　　　　　　　　　　　　　　　　　　13

Ⅴ・位置を表す表現（1）　・食べ物　・職業（3）　・数詞30~69

Ｇ・前置詞と冠詞の縮約　・動詞aller, finirの活用　・命令法　・疑問詞où

Mission 5　　　　　　　　　　　　　　　　　　　　　　　　　17

Ⅴ・食事（1）　・体調（1）　・武器　・職業（4）　・1日の時間帯

Ｇ・動詞faireの活用　・否定形ne ... plusとne ... que　・部分冠詞　・否定のde

　・否定疑問文とその答え方　・一部が不規則に活用するer動詞　・比較級と最上級

Mission 6　　　　　　　　　　　　　　　　　　　　　　　　　22

Ⅴ・時刻　・身体的特徴、性格　・数詞70~100　・食事（2）　・生活、習慣

Ｇ・近接未来形　・代名動詞　・非人称のil　・不定代名詞on　・指示形容詞

　・特別な形をもつ形容詞　・動詞venir, croire, partir, espérerの活用

　・疑問形容詞pourquoiと接続詞句parce que

Mission 7　　　　　　　　　　　　　　　　　　　　　　　　　27

Ⅴ・アクセサリー　・素材　・序数詞　・方向

Ｇ・直接・間接目的語人称代名詞　・動詞connaître, rendre, prendreの活用

　・指示代名詞celui　・非人称構文（il faut ～）

Mission 8   30
Ⅴ・身体の部位　・体調（2）
Ｇ・動詞 vouloir, díre, s'asseoir の活用　・近接過去形

Mission 9   34
Ⅴ・位置を表す表現（2）　・性格　・好み（1）
Ｇ・直説法複合過去形（助動詞 avoir をとる場合）　・過去分詞
　・動詞 devoir, pouvoir, mettre の活用　・前置詞 derrière と devant　・中性代名詞 en, y

Mission 10   38
Ⅴ・曜日　・時
Ｇ・直説法複合過去形（助動詞 être をとる場合）　・動詞 savoir の活用　・faire ＋ 不定詞
　・受動態　・疑問詞 qui

Mission 11   41
Ⅴ・天候　・移動手段　・交通
Ｇ・中性代名詞 le　・直説法半過去形　・移動手段を表す前置詞

Mission 12   45
Ⅴ・感想を伝える表現　・料理　・日付、時間　・100 以上の数　・位置を表す表現（3）
Ｇ・直説法単純未来形　・接続詞 si　・関係代名詞 qui, que, dont, où

Mission 13   49
Ⅴ・階数　・動作を表す表現　・感情を表す表現（1）
Ｇ・現在分詞　・ジェロンディフ　・感嘆文

Mission 14   52
Ⅴ・好み（2）　・意志　・体調（3）　・店
Ｇ・所有代名詞　・条件法現在形

Mission 15   56
Ⅴ・住居　・感情を表す表現（2）　・感謝を伝える表現
Ｇ・接続法現在形　・ce que による名詞節

Le chant de l'espoir　希望のうた   59

La grande porte 大いなる扉

■フランス語の音の世界

音に触れよ。声に出せば、大いなる扉は開かれるだろう。

1 口腔母音（口から息を出す母音）

[i]　　　[y]　　　[u]
　[e]　　　[ø]　　　[o]
　　　　　　[ə]
　[ε]　[œ]　[ɔ]
　　[a]　　　[ɑ]

2 鼻母音（息が鼻に抜ける母音）

[œ̃]　　[ɑ̃]　　[ɛ̃]　　[ɔ̃]

3 半母音（変形した母音）

[j]　　　[ɥ]　　　[w]

4 子音（母音との組み合わせでさまざまな音になる）

[p] [t] [k] [f] [s] [ʃ]　　　　[m] [n] [ɲ] [l] [r]
[b] [d] [g] [v] [z] [ʒ]

■アルファベと記号

文字と記号を組み合わせれば、豊かなる語彙の海原が現れるだろう。

A a	B b	C c	D d	E e	F f	G g			
H h	I i	J j	K k	L l	M m	N n	O o	P p	
Q q	R r	S s	T t	U u	V v	W w	X x	Y y	Z z

´（アクサンテギュ）é　　　`（アクサングラーヴ）à è ù　　　^（アクサンシルコンフレックス）â ê î ô û
¨（トレマ）ë ï ö　　　ç（セディーユ）garçon　　　-（トレデュニオン）Levez-vous.

■フランス語の単語の読み方

つづりで音を知る秘儀を授けよう。好きな言葉を見つけ、記憶せよ。

1 単語末の子音やeを読まない場合がある。croissant　jus　carte　table

2 hは発音しない。l'hôtel　l'homme

3 a, e, i, o, u, y は母音をあらわす綴りである。次のページを見よ。

1) 口腔母音と綴り

[i] i, y

midi pyramide

[e] [ɛ] e, é, è, ê, ai, ei

café crêpe objet maison neige

[a] [ɑ] a, à, â

ami amie table carte

＊eの読み方に注意！

[y] u

jus salut début

[ə] e

menu petit

[ɸ] [œ] eu, œu

bleu fleur hors d'œuvre

[u] ou

bonjour route gourmet

[o] [ɔ] o, ô, au, eau

chocolat sauce gâteau

2) 鼻母音と綴り

〈母音＋n, m〉で鼻母音となる。 ➡ cousin américain ensemble

〈母音＋n, nn, m, mm＋母音〉は鼻母音とならない。 ➡ cousine américaine comme

un [œ̃]   bon [bɔ̃]   vin [vɛ̃]   blanc [blɑ̃]

3) 半母音と綴り

[ɥ] cuisine　[w] oui soir voyage　　[j] piano crayon travail famille fille (≠ ville)

4) 子音

[g] g＋a, o, u ➡ garçon gomme　　[k] c＋a, o, u ➡ carotte copain copine

[ʒ] g＋e, i, y ➡ rouge Gironde　　[s] c＋e, i, y ➡ France cinéma

[ɲ] gn ➡ montagne mignon　　[s] ç＋a, o, u ➡ français leçon

　　　　　　　　　　　　　　[ʃ] 　　　➡ chef chat chien

[z] poison désert　　　[s] poisson dessert　　　[k] boutique antique

▌読み方の特徴

1 リエゾン：発音しない単語末の子音と、次の語の母音がつながる。

un homme　des enfants　Ils aiment le sport.

2 アンシェヌマン：発音する単語末と、次の単語の母音がつながる。

une amie　Il aime les chats.

3 エリジオン：特定の短い単語の後に母音で始まる単語がくるとき、母音が省略される。

le ➡ l'homme　　Que ➡ Qu'est-ce que c'est ?　　Je ➡ J'aime la musique.

この世界で冒険を望む者よ。契約を結び、試練の部屋に入れ。

この冒険を続けますか？　➡　つづける □　やめる □

Masamune と骨董商の会話。

Bonjour. こんにちは。（夕方以降は Bonsoir.）	**Au revoir.** さようなら。

Bonjour. こんにちは。（夕方以降は Bonsoir.）　　　**Au revoir.** さようなら。

C'est joli. きれいだなあ。

C'est combien ? いくらですか？

Voilà. どうぞ。

Merci. ありがとう。（Merci beaucoup. と言うこともある）

monsieur 男性に対する敬称。madame / mademoiselle とともに記憶せよ。

声を出し、リズムにのせて、フランス語のアルファベを覚えろ。

Je m'appelle の後に自分の名前を言えば、フランス語で自己紹介できるぞ。名前の綴りを聞かれたら、1文字ずつアルファベで答えろ。

手がかりを探せ。意味を予見したのち確かめよ。

J'habite 私は住んでいる

à 場所などを示す前置詞　　　**et** 英語の and に当たる語

＊ **Et toi ?** は相手に聞き返している。丁寧に言う場合：**Et vous ?**（あなたは？）

épreuve 4

名詞には**男性名詞**と**女性名詞**がある。男性名詞から女性名詞を作る場合もある。たとえば**Je suis chinois.**
「私は中国人（男性）です」、**Je suis chinoise.**「私は中国人（女性）です」は、どこが変化しているだろう
か？　なお、**ami**は「友達」を意味する。

épreuve 5

主語人称代名詞を覚え、**動詞 être** を操れるようになれ。

1 主語人称代名詞

1人称単数	私は	Je (J')
2人称単数	君は	Tu
3人称単数	彼は 彼女は	Il Elle

1人称複数	私たちは	Nous
2人称複数	あなた（たち）は	Vous
3人称複数	彼らは 彼女らは	Ils Elles

＊1. **je**は母音（**a, e, i, o, u, y**）または無音の**h**から始まる単語とつながるとき**j'** になる。
＊2. **tu** は親しい人に用いる。丁寧に言いたい場合は**vous**を使う。
＊3. **il, elle, ils, elles**は英語の**he, she**と異なり、無生物にも用いる。

2 主語人称代名詞と動詞 être「〜である」の現在形。

je	suis	nous	sommes
tu	es	vous	êtes
il	est	ils	sont
elle	est	elles	sont

Je suis japonais(e).　　私は日本人です。
Tu es étudiant(e).　　君は学生です。
Nous sommes amis.　　私たちは友達です。
Je suis de Paris.　　私はパリ出身です。

---

français(e) フランス人　　　**sénégalais(e)** セネガル人

artiste 芸術家　　　**professeur(e)** 先生

Dijon ディジョン（フランスの街）　　**aussi** 〜も

＊ **Je m'appelle** 〜は、主語に応じて **Tu t'appelles** 〜, **Il s'appelle** 〜 等の形になる。
　　J'habite 〜は、主語に応じて **Tu habites** 〜, **Il habite** 〜等の形になる。詳しくは Mission 6 で奥義
　　を授ける。

M1 M2 M3 M4 M5 M6 M7 M8 M9 M10 M11 M12 M13 M14 M15

Il est de ～ は「彼は～の出身です」

Son numéro de téléphone 彼の電話番号

電話番号を言うときは、C'est le の後に番号を2桁ずつ言う。

algérien(ne) アルジェリア人	**congolais(e)** コンゴ人	**marocain(e)** モロッコ人
acteur / actrice 俳優	**chanteur / chanteuse** 歌手	**fonctionnaire** 公務員

数字（1～20）

1 **un(e)**	2 **deux**	3 **trois**	4 **quatre**	5 **cinq**
6 **six**	7 **sept**	8 **huit**	9 **neuf**	10 **dix**
11 **onze**	12 **douze**	13 **treize**	14 **quatorze**	15 **quinze**
16 **seize**	17 **dix-sept**	18 **dix-huit**	19 **dix-neuf**	20 **vingt**

今までやったことを応用すればできるはずだ。ヒントはなしだ！

Mission **1** で、君たちが身につけた奥義は以下のものである。

①挨拶　　　　　　　②アルファベ　　　　　③自己紹介

④男性名詞と女性名詞　⑤動詞 être の活用　　⑥20までの数

- -

以上の奥義を体得し、Mission 1をクリアした者は、niveau 1の戦士となる。さらなる試練に立ち向かう勇気のある者は、ここに契約を結べ。Mission 2への扉が開かれる。

この冒険を続けますか？　➡　つづける ☐　やめる ☐

Mission 2

挨拶の言葉を身につけよ。友に出会えるであろう。

1 丁寧な出会いの挨拶

- Comment allez-vous ?　　　　　お元気ですか？

- Je vais très bien, merci. Et vous ?　元気ですよ。あなたは？

- Moi aussi, très bien, merci.　　　私も元気です。ありがとう。

2 1人の親しい人に対する出会いの挨拶

A

- Comment vas-tu ?

- Je vais très bien, merci. Et toi ?

- Moi aussi, très bien, merci.

B

- Salut Masamune. Ça va ?

- Ça va. Et toi ?

- Ça va.

3 **Tu as le message de Vladimir ?**　ウラジミールのメッセージを持っている？

le は **定冠詞** だ。この後、 *épreuve 1* の **2** で説明する。

（補足）

別れの挨拶

Salut. じゃあね。	**Bonne journée (soirée).** よい1日（夕べ）を。	
À demain. また明日。	**À bientôt.** またね。	**À tout à l'heure.** また後で。

 *épreuve 1*

ここにはさまざまな奥義が秘められている。心して体得すれば、他の試練を乗り越えるのが容易になる。

1 動詞 **avoir**（持っている）の直説法現在形活用

j'ai	nous avons
tu as	vous avez
il a	ils ont
elle a	elles ont

J'ai un frère.　　　　私は兄弟が1人いる。

J'ai une sœur.　　　　私は姉妹が1人いる。

Vous avez quel âge ?　何歳ですか？

J'ai 18 ans.　　　　　18歳です。

> **C'est** これは〜です　　　**voici** ここに〜がある（**voilà** はもともと「そこに〜がある」の意味）
> **un pantalon** ズボン　　　**noir(e)** 黒い　　　**petit(e)** 小さい
> **des chaussures rouges** 赤い靴

2 不定冠詞と定冠詞

	男性単数	女性単数	男女複数
不定冠詞	un	une	des
定冠詞	le (l')	la (l')	les

＊定冠詞 **le** と **la** は、母音や無音の**h**で始まる単語の前で **l'** の形になる。

> un garçon 少年 ➡ **des garçons**　　　une fille 少女／娘 ➡ **des filles**
> un stylo ペン ➡ **des stylos**　　　une gomme 消しゴム ➡ **des gommes**
> un gâteau お菓子 ➡ **des gâteaux**（＊複数形が**x**で終わる単語もある）
> le Japon 日本　la Fance フランス　l'Angleterre イギリス　**les États-Unis** アメリカ合衆国

＊**名詞の複数形**は、ふつう語末に**s**をつけるが、発音しない。

3 形容詞

1) 形容詞は修飾する名詞の性・数に応じて形を変える。

2) 原則として形容詞は名詞の後に置かれる。ただし、**petit(e)**（小さい）、**grand(e)**（大きい、背が高い）、**jeune**（若い）、**bon(ne)**（よい）、**mauvais(e)**（悪い）、**beau / belle**（美しい）、**gentil(le)**（親切な）などのように、よく使われ、文字の少ない形容詞は名詞の前に置かれる。

> un **petit** sac **bleu**　　　une **grande** table **bleue**
> des **petits** garçons **intelligents**　　　des **petites** filles **intelligentes**

強勢形人称代名詞：単独で用いたり、前置詞と結びついたりする。

私	moi		私たち	nous
君	toi		あなたたち	vous
彼	lui		彼ら	eux
彼女	elle		彼女ら	elles

Moi, je suis Sarah.　　　私がサラです。（強調）
Le chef, c'est **lui**.　　　リーダーは彼です。（**être** などの後［属詞］）
Pour **moi**, un thé s'il vous plaît.　　私には紅茶をください。（前置詞の後）

un serveur / une serveuse ウエイター、ウエイトレス

messieurs monsieur の複数形

mesdames / mesdemoiselles madame / mademoiselle の複数形

Vous désirez ? 何になさいますか？　　**s'il vous plaît** 〜をください

un chocolat ココア、チョコレート　　**un jus de pomme** アップルジュース

un jus d'orange オレンジジュース　　**une bière** ビール　　**un coca** コーラ

un café コーヒー　　**un thé** 紅茶

21〜29までの数字を覚えよ。

21 **vingt et un(e)**　22 **vingt-deux**　23 **vingt-trois**　24 **vingt-quatre**

25 **vingt-cinq**　26 **vingt-six**　27 **vingt-sept**　28 **vingt-huit**　29 **vingt-neuf**

国籍を表す言葉の男性形は、同時に「〜語」という意味を持つ。

Il faut dire 〜　〜と言わなければいけない　　**désolé(e)** ごめんなさい

mais non 違うってば　　**belge** ベルギー人　　**difficile** 難しい

un sac かばん　　**un cahier** ノート　　**un carnet** 手帳

un stylo ペン　　**un pantalon** ズボン　　**une cravate** ネクタイ

une robe ワンピース　　**un tablier** エプロン　　**une montre** 腕時計

rouge 赤い　　**bleu(e)** 青い　　**vert(e)** 緑色の　　**blanc(he)** 白い

noir(e) 黒い　　**gris(e)** 灰色の　　**marron** 栗色の

Mission 2

Mission 2 で、君たちが身につけた奥義は以下のものである。

①挨拶 ②動詞 avoir の活用 ③不定冠詞と定冠詞

④名詞の複数形 ⑤形容詞の変化と位置 ⑥強勢形人称代名詞

⑦21～29までの数

Mission 2 を達成した君たちは、niveau 2 の戦士となった。さらにレベルアップするために、第3の Mission に進め。

この冒険を続けますか？　➡　つづける ☐　やめる ☐

Mission 3

Vladimirの警告と、その後起きたことを理解せよ。

1 Ils aimentとなる動詞の元の形（不定詞）はaimerである。次ページの épreuve 2 を見よ。

méchant 意地悪な	**une arme** 武器	**le pouvoir** 権力	**dominer** 支配する	
le monde 世界				

2 所有形容詞ton / ta（君の）については、次ページの épreuve 3 で奥義を授ける。

3 quelは「何、どんな」という疑問文を作る言葉で、関係する名詞の性数に応じて形が変わる。

男性単数	quel		男性複数	quels
女性単数	quelle		女性複数	quelles

une question 質問	**pour** 〜に対して	**un nom** 名前	**une nationalité** 国籍
aimer 好きである、愛する	**non** いいえ	**détester** 大嫌いだ	

épreuve 1

疑問文と**否定文**を操る者になれ。

1 Oui.（はい）／Non.（いいえ）の答えを求める疑問文は、3通り作れる。

以下の「フランス語を話しますか？」という文から会得せよ。

1) Vous parlez français ?　通常文の語尾を上げて言う（口語体）。

2) Est-ce que vous parlez français ?　Est-ce que に通常文を付加する。

3) Parlez-vous français ?　主語と動詞を倒置しトレデュニオン（-）でつなげる。

2 否定文は、〈**ne（n'）＋動詞＋pas**〉のように作る。

Je ne suis pas français.　　私はフランス人ではありません。

Je n'aime pas les chiens.　　私は犬が好きではありません。

un frère 兄弟	**une sœur** 姉妹	**une petite sœur** 妹	
（参考：**un petit frère** 弟	**un grand frère** 兄	**une grande sœur** 姉）	
parler 話す	**l'anglais** 英語	**le sport** スポーツ	**le football** サッカー

erで終わる規則動詞を**er動詞**という。

この活用の仕方を覚えると、数多くの動詞を操ることができるぞ。

aimerの現在形活用

j'aime	nous aimons
tu aimes	vous aimez
il aime	ils aiment
elle aime	elles aiment

chanterの現在形活用

je chante	nous chantons
tu chantes	vous chantez
il chante	ils chantent
elle chante	elles chantent

donner 与える	**habiter** 住む	**chanter** 歌う	**travailler** 働く、勉強する

所有形容詞の用い方を会得し、使いこなせ。

所有形容詞は、関係する名詞の性数に応じて次のように形が変わる。

	男性単数	女性単数	男女複数
私の	mon	ma	mes
君の	ton	ta	tes
彼・彼女の	son	sa	ses
私たちの	notre	notre	nos
あなた（たち）の	votre	votre	vos
彼ら・彼女らの	leur	leur	leurs

＊母音あるいは無音のhで始まる女性名詞の前では、ma / ta / sa の代わりに男性単数形 mon / ton / son を使う。
（× ma amie）→ ○ mon amie

un(e) lycéen(ne) 高校生	**dans** 〜の中に　　**une banque** 銀行
un(e) médecin 医者（男女同形）	**un(e) enfant** 子ども（男女同形）
un(e) enfant unique 一人っ子	**un chat** 猫　　**chercher** 探す
les parents 両親	**Qu'est-ce que** 何を〜?
un pain au chocolat パン・オ・ショコラ	**la cuisine** 料理、キッチン
faire la cuisine 料理をする	

épreuve 4

il y a は「〜がある」という意味だ。よく使う言葉を繰り返し練習して体得しろ。

1 親族に関する単語をまとめておこう。

un père 父	une mère 母	papa パパ	maman ママ	les parents 両親
un fils 息子	une fille 娘	un frère 兄弟	une sœur 姉妹	un mari 夫
une femme 妻	un grand-père 祖父	une grand-mère 祖母		un oncle おじ
une tante おば	un(e) cousin(e) いとこ		un neveu おい	une nièce めい

2 下の**国名**と、それに**関連する単語**の関係を探り、理解せよ。

国名（日本語）	国名（フランス語）	〜の・国籍	〜人
フランス	la France	français(e)	un(e) Français(e)
日本	le Japon	japonais(e)	un(e) Japonais(e)
セネガル	le Sénégal	sénégalais(e)	un(e) Sénégalais(e)
ベルギー	la Belgique	belge	un(e) Belge
韓国	la Corée du Sud	coréen(ne)	un(e) Coréen(ne)
中国	la Chine	chinois(e)	un(e) Chinois(e)
イギリス	l'Angleterre	anglais(e)	un(e) Anglais(e)
アメリカ合衆国	les États-Unis	américain(e)	un(e) Américain(e)

＊1. 国籍の男性形は「〜語」の意味になる。ただし、セネガル語、ベルギー語、アメリカ語という言語はない。
＊2. la Corée du Sud の sud は「南」という意味。東は est、西は ouest、北は nord。

Mission 3 で、君たちが身につけた奥義は以下のものである。

①quel による疑問文 ②3通りの疑問文 ③否定文

④er 動詞の活用 ⑤所有形容詞 ⑥親族に関する単語

⑦国名と国籍など

- -

ここで君たちは大きな飛躍を遂げた。niveau 3 の戦士となった。しかし敵の数は
多い。強力な敵を倒す力を得るため、第4の Mission へ向かえ。

この冒険を続けますか？ ➡ つづける ☐ やめる ☐

Mission 4

Vladimirの指示を理解するために備えるべきこと。

1 **動詞 aller の現在形活用**を身につけよ。下線部は動詞 avoir の現在形活用の綴りと同じだ。

je	v<u>ais</u>	nous	allons
tu	v<u>as</u>	vous	allez
il	v<u>a</u>	ils	<u>vont</u>
elle	v<u>a</u>	elles	<u>vont</u>

Je vais à Paris. 私はパリに行く。

Comment allez-vous ? お元気ですか？

---

un cadeau プレゼント 　**Ce sont 〜** 複数のものを指して「それらは〜だ」

Allez-y ! それ行け！

前置詞 **à** および **de** の後に定冠詞 **le** と **les** がきた場合、**縮約が起こり1語になる**。
場所を表す言葉を理解し、monsieur Croissant の居場所を見つけるのだ。

前置詞と定冠詞の縮約

à + le ➡ au	de + le ➡ du
à + les ➡ aux	de + les ➡ des

un café **au** lait　　カフェオレ

une tarte **aux** cerises　チェリーのタルト

les fleurs **du** jardin　　庭の花

la liste **des** étudiants　学生のリスト

* **à la** と **à l'** では縮約は起きない。
　à la carte　アラカルト　　à la mode　流行の
　à l'école　学校で

* **de la** と **de l'** では縮約は起きない。
　la piscine de l'hôtel　ホテルのプール
　la cantine de l'école　学食

---

un magasin 店　　**avec** 〜と一緒に　　**à côté de** 〜のそばに　　**en face de** 〜の正面に

Monsieur Croissantが誰かわかったら、**Je voudrais ～, s'il vous plaît.** を用いて、
望むものを手に入れろ。

1 **Vous désirez ?** 何になさいますか？　　　　**Avec ceci ?** 他には？
Ce sera tout ? これで全部ですか？　　　　＊これらはお店の人がよく使う言葉だ。

> **une baguette** バゲット　　　　　**ceci** これ（cela それ）
>
> **un chou à la crème** シュークリーム（un chou キャベツ）
>
> **un sachet**（小さな）袋　　　　**qu'est-ce que c'est ?** これは何ですか？

2 **数字を69まで**操れるようになれ。

> | | | | |
> |---|---|---|---|
> | 30 **trente** | 31 **trente et un(e)** | 32 **trente-deux** | 33 **trente-trois** |
> | 34 **trente-quatre** | 35 **trente-cinq** | 36 **trente-six** | 37 **trente-sept** |
> | 38 **trente-huit** | 39 **trente-neuf** | | |
> | 40 **quarante** | 41 **quarante et un(e)** | 42 **quarante-deux** | 43 **quarante-trois...** |
> | 50 **cinquante** | 51 **cinquante et un(e)** | 52 **cinquante-deux** | 53 **cinquante-trois...** |
> | 60 **soixante** | 61 **soixante et un(e)** | 62 **soixante-deux** | 63 **soixante-trois...** |

3 **Vous n'avez pas de cadeaux pour nous ?**（私たちへのプレゼントはないのですか？）と
否定疑問文で聞かれたら、**Si**か**Non**で答える。　**Mission 5** で改めてその奥義を授ける。

Rebonjour. という言葉は、一度**Bonjour.** と挨拶した人に、その日のうちにもう一度会ったとき使う。
re- は「再び」を表す。

> **un pain aux raisins** レーズンパン　　　　**un pain de campagne** ライ麦粉入りの円形パン
>
> **une brioche** ブリオッシュ　　　　**un gâteau au chocolat** ガトーショコラ
>
> **un millefeuille** ミルフィーユ　　　　**un macaron** マカロン
>
> **une tarte au citron** レモンのタルト　　　　**un croissant** クロワッサン
>
> **un sandwich au jambon** ハムのサンドウィッチ　　　　**une quiche** キッシュ

Tu vas où ? の**où**は、場所を聞く疑問詞だ。下の語を調べて文化を知れ。

la fac 大学・学部（正式には la faculté）	**étudier** 学ぶ	**C'est nul !** くだらない！
l'amour 愛 **le fromage** チーズ	**le vin** ワイン	**parce que** なぜなら

Tintin タンタン（人気漫画の主人公。作者はベルギーの Hergé）

les Bleus レ・ブルー（サッカーフランス代表チームの愛称）

le couscous クスクス（北アフリカの料理）　　**la littérature** 文学　　**le cinéma** 映画

Baudelaire ボードレール（19世紀フランスの詩人）　　**le quartier latin** ラテン地区（パリの学生街）

les marchés aux puces 蚤の市　　　　**la pétanque** ペタンク（南フランス発祥のスポーツ）

une langue 言語	**arrêter** 止める

1 **ir** で終わる規則動詞を**ir動詞**という。finir（終える）の現在形活用を覚えろ。

je fin**is**	nous fin**issons**		
tu fin**is**	vous fin**issez**		
il fin**it**	ils fin**issent**		
elle fin**it**	elles fin**issent**		

ir動詞の例

choisir	選ぶ	**obéir**	従う
agir	行動する	**réussir**	成功する
réfléchir	熟考する	**saisir**	つかむ
unir	結びつける	**guérir**	治す

2 **命令文**は多くの場合、現在形の tu / nous / vous の活用を用いる。tu と vous に対する命令形が「～しなさい・してください」という意味になるのに対し、**nous** に対する命令形は「～しましょう」の意味になる。

> **Finis** tes devoirs !　**Finissez** vos devoirs !　　宿題を終わらせなさい！
>
> **Finissons** nos devoirs !　　　　　　　　　　宿題を終わらせましょう！
>
> **Donnez**-moi une demi-baguette, s'il vous plaît.　バゲットを半分ください。

＊1. er動詞とallerは、tu に対する命令文では、それぞれの活用語尾 -es, -as から s が脱落する。
　　　Travaille bien mon chéri（ma chérie）!　よく勉強するんだよ！
　　　Va chercher ton père à la gare !　　　　お父さんを駅まで迎えに行ってちょうだい！
＊2. 特別な命令形は**avoir**（aie, ayons, ayez）, **être**（sois, soyons, soyez）など。
　　　Sois sage !　いい子にしてなさい！　　**N'ayez** pas peur !　恐れないで！

épreuve 6

toucher 触れる	un accessoire アクセサリー	crier 叫ぶ	libre 自由な

　　Mission **4**　で、君たちが身につけた奥義は以下のものである。

①**aller** と **ir** 動詞の活用　　②前置詞と定冠詞の縮約　　③場所を表す言葉

④買い物のときに使われる言葉　　⑤30～69までの数　　⑥命令文

武器を得て君たちはパワーアップした。niveau 4 の戦士となった。だが、まだ武器の扱い方を知らない。自分の力もわかっていない。第5の Mission で己を知り、団結を深めるがいい。

> この冒険を続けますか？　➡　つづける □　やめる □

君たちも何度か自信を失った経験があるだろう。そんなときは自分を全否定したい気持ちになる。一時的な感情に惑わされるな。友が勇気を与えてくれるだろう。

Qu'est-ce que tu as ? どうしたの？（様子をたずねる言葉）	**triste** 悲しい
ne ＋動詞＋ plus もう〜ない　　**confiance** 自信	**en** 〜に（漠然とした場所・期間に対して用いる）
d'abord まず　　**manger** 食べる	**quelque chose** 何か
avoir faim おなかが空いている	

1 **部分冠詞**を会得せよ。たとえば液体、粉、お金、抽象名詞など不特定な量を表すとき、部分冠詞を用いる。

男性名詞 母音で始まる男性名詞	du de l'	du **pain** パン　　du **courage** 勇気 de l'**argent** お金	
女性名詞 母音で始まる女性名詞	de la de l'	de la **viande** 肉　　de la **chance** 幸運 de l'**eau** 水	

2 否定文で、目的語の不定冠詞と部分冠詞は通常、数量0を表す de にする。

Je n'ai pas de frère.　　＊ être の属詞となる場合はそのまま Ce n'est pas un chat.

3 否定形でたずねる疑問文（否定疑問文）に対しては、Si か Non で応答せよ。

Tu n'aimes pas les chats ?　　- Si, j'aime les chats.

　　　　　　　　　　　　　　- Non, je n'aime pas les chats.

通常の疑問文か、否定疑問文かを瞬時に判断し、Si か Oui で答えよ。

épreuve 2

er動詞のうち、-gerで終わる動詞（mangerなど）と-cerで終わる動詞（commencer［始める］など）は、nousの現在形が変形する。

manger の現在形

je	mange	nous	mangeons
tu	manges	vous	mangez
il	mange	ils	mangent
elle	mange	elles	mangent

commencer の現在形

je	commence	nous	commençons
tu	commences	vous	commencez
il	commence	ils	commencent
elle	commence	elles	commencent

ensemble 一緒に	**ensuite** 次に	**l'entraînement** トレーニング

épreuve 3

比較級と**最上級**の操り方を会得せよ。

grand 背が高い	**fort** 強い（faible 弱い）	**calme** 落ち着いた
le mieux 最も上手に（bienの最上級）	**courir** 走る	**vite** 速く

1 比較級は、一般的に次のような構文で作られる。

形容詞の比較級	優等比較	**plus ＋形容詞＋ que**	Elle est plus grande que moi. 彼女は私より背が高い。
	同等比較	**aussi ＋形容詞＋ que**	Elle est aussi grande que moi. 彼女は私と同じくらいの背の高さだ。
	劣等比較	**moins ＋形容詞＋ que**	Elle est moins grande que moi. 彼女は私より背が低い。
副詞の比較級	優等比較	**plus ＋副詞＋ que**	Elle marche plus vite que moi. 彼女は私より速く歩く。
	同等比較	**aussi ＋副詞＋ que**	Elle marche aussi vite que moi. 彼女は私と同じくらい速く歩く。
	劣等比較	**moins ＋副詞＋ que**	Elle marche moins vite que moi. 彼女は私より足が遅い。

2 最上級は一般的に次のような構文で作られる。

形容詞の最上級	優等最上級	le（la / les）＋ plus ＋形容詞＋（de）	Elle est la plus grande de la classe. 彼女はクラスで一番背が高い。
	劣等最上級	le（la / les）＋ moins ＋形容詞＋（de）	Elle est la moins grande de la classe. 彼女はクラスで一番背が低い。
副詞の最上級	優等最上級	le ＋ plus ＋副詞＋（de）	Elle parle le plus fort. 彼女は一番大きな声で話す。
	劣等最上級	le ＋ moins ＋副詞＋（de）	Elle parle le moins fort. 彼女は一番小さな声で話す。

3 独自の比較級、最上級をとる言葉がある。

	比較級	最上級
bon(ne)(s)　よい	meilleur(e)(s)	le（la / les）meilleur(e)(s)
bien　よく	mieux	le mieux
beaucoup　たいへん	plus	le（la / les）plus
peu　少し	moins	le（la / les）moins

Je vais mieux.　　　　　　　　　　　具合がよくなりました。

C'est la meilleure étudiante de la classe.　こちらがクラスで最も優秀な女子学生です。

比較級と最上級を自在に操れ。〈ne ＋動詞＋ que〉は「〜しかない」の意味だ。

Je n'ai qu'un frère.　　私には兄弟が1人しかいない。

une épée 剣	**long(ue)** 長い	**un bâton** 棒、杖	**un arc** 弓
une flèche 矢	**Que faire ?** どうしたらいいだろう？（que は「何を」の意味）		
un(e) ennemi(e) 敵	**maîtriser** 使いこなす	**encore** まだ、また、さらに、ふたたび	
comment faire ? どうしたらいいだろう？（comment どのように）			

un marché 市場	**rencontrer** 出会う	**un(e) maître(sse)** 先生、師

1日に関する言葉を身につけよ。

matin 朝	**midi** 正午	**après-midi** 午後	**soir** 夜	**minuit** 午前0時

épreuve 6

動詞 faire の現在形活用を覚えよ。

je fais	nous faisons
tu fais	vous faites
il fait	ils font
elle fait	elles font

Je fais du sport (du tennis / du judo).

私はスポーツ（テニス／柔道）をする。

Tu fais des courses. 君は買い物をする。

Il fait un gâteau. 彼はケーキを作る。

---

jouer 遊ぶ

Qu'est-ce que vous faites dans la vie ? 何をしているのですか？（職業を聞く表現）

la vie 生命、人生、生活　　　**comme** ～として

変形するer動詞の現在形活用をまとめておこう。それぞれの動詞の活用の特徴を把握せよ。

essayer（試みる）＊-yerで終わる動詞

j'essaie	nous essayons
tu essaies	vous essayez
il essaie	ils essaient
elle essaie	elles essaient

acheter（買う）＊〈-e＋子音＋er〉で終わる動詞

j'achète	nous achetons
tu achètes	vous achetez
il achète	ils achètent
elle achète	elles achètent

appeler（呼ぶ）＊〈-e＋子音＋er〉で終わる動詞

j'appelle	nous appelons
tu appelles	vous appelez
il appelle	ils appellent
elle appelle	elles appellent

Mission **5** で、君たちが身につけた奥義は以下のものである。

①部分冠詞 　　　　②否定文の de 　　　　③否定疑問文とその答え方

④比較級と最上級 　　⑤変形を起こす er 動詞と faire の現在形

⑥ne ～ plus，ne ～ que の表現 　　⑦1日の時間帯を表す単語

君たちはまだ武器の扱い方を知らない。しかし友を思い、助け合う心を持ち、己を知り、敵を知り、niveau 5 の戦士となった。

この冒険を続けますか？　➡　つづける ☐ 　やめる ☐

Mission 6

時の表現を覚え、師匠を見つけろ！

近接未来形：〈**aller＋不定詞**〉の形で、近い未来の表現ができる。

Je vais aller en France.　　　　　　　　　私はフランスに行く予定です。

［比較］**Je vais chercher ma mère à la gare.**　私は駅まで母を迎えに行く。（「〜しに行く」の意）

vers 〜ごろに	**une heure** 時間、〜時	**demi(e)** 半分の

代名動詞を理解しろ。**tôt**は「早く」という意味だ。再帰代名詞（〜自身）とともに用いられる動詞を、**代名動詞**という。**lever**は「起こす」だが、**se lever**は「自分自身を起こす＝起きる」の意味になる。

lever（起こす）➡ **se lever**

je	me **lève**	nous	nous **levons**
tu	te **lèves**	vous	vous **levez**
il	se **lève**	ils	se **lèvent**
elle	se **lève**	elles	se **lèvent**

appeler（呼ぶ）➡ **s'appeler**

je	m'**appelle**	nous	nous **appelons**
tu	t'**appelles**	vous	vous **appelez**
il	s'**appelle**	ils	s'**appellent**
elle	s'**appelle**	elles	s'**appellent**

＊1．他にもこんな使い方がある。
　　Cette voiture se vend bien.　この車はよく売れている。［受動的］
　　Paul et Marie s'aiment.　　　ポールとマリーは愛し合っている。［相互的］
＊2．代名動詞の命令文は、**Lève-toi ! / Levez-vous !** となる。

1 **時刻の聞き方と答え方**を身につけろ。 時刻を言うときは、**Il est 〜 heure(s).** を使え。

このilは「彼」という意味ではなく、仮主語（非人称）のilだ。

Quelle heure est-il ? 何時ですか？

1：10	Il est une heure dix.	
5：15	Il est cinq heures quinze.	Il est cinq heures et quart.
6：30	Il est six heures trente.	Il est six heures et demie.
8：55	Il est huit heures cinquante-cinq.	Il est neuf heures moins cinq.
9：45	Il est neuf heures quarante-cinq.	Il est dix heures moins le quart.
12：30	Il est midi trente.	Il est midi et demi.

2 on は「人は、人々は～」の意味で使われたり、nousの意味で使われたりする。

avoir sommeil 眠い	**déjà** すでに、もう	**prendre** とる	**puis** 次に

（補足）

食事に関する語を覚えろ。

un petit-déjeuner 朝食	**un déjeuner** 昼食	**un dîner** 夕食	**un repas** 食事

épreuve 3

指示形容詞ce（この）を使いこなせ。指示形容詞ceは、関係する名詞の性数に応じて次のように形が変わる。

	男性単数		女性単数	男女複数
この／これらの	ce	cet＊	cette	ces

＊男性単数のcetは、母音および無音のhで始まる男性名詞単数形で、ce との母音衝突を避けるために用いられる。

ce garçon この少年　　○**cet arbre**　この木（×ce arbre）

cette fille この少女　　**ces objets** これらの物

se trouver いる（trouverは「見つける」）		**demander à** ～に尋ねる
un(e) marchand(e) 商人	**des légumes** 野菜	**pardon** すみません
un(e) marchand(e) de légumes 八百屋		**chercher** 探す
la queue 列、しっぽ	**vieux / vieille** 歳をとった	**les cheveux** 髪
gris(e) 灰色の、白髪交じりの	**porter** 身につけている	**des lunettes** メガネ

épreuve 4

語順がバラバラになったメッセージを解読するための、奥義を授けよう。まず、右の動詞venir（来る）の現在形活用を覚えろ。venezはvousが主語のときの形だが、vousが見当たらない。どのような文を作らなければいけないか、

Mission 4 を思い出せばわかるだろう。chezは「～の家に」という意味の前置詞だ。versの後ろに置くべき言葉もわかるはずだ。tous les troisは「3人とも」という呼びかけだ。以上のヒントで文が完成するだろう。tousについては、p.25の「補足」で会得せよ。

je viens		nous	venons
tu viens		vous	venez
il vient		ils	viennent
elle vient		elles	viennent

épreuve 5

語彙を覚え、会話文を理解せよ。

特に**pourquoi（なぜ）という問いかけ**に対し、**parce que（なぜなら）と答える**方法を身につけろ。

mais いったい、しかし	**quand** 〜のとき（疑問詞として「いつ？」の意味もある）
inviter 招待する	**comme ça** そのように　　**ici** ここ
avoir besoin de 〜 〜を必要とする	**le temps** 時間
déjeuner 昼食をとる（dîner 夕食をとる）	**se promener** 散歩する
dormir 寝る（現在形活用はpartirと同形）	**belle** beau（美しい）の女性形（次ページを見よ）
n'est-ce pas ? ね、そうでしょう？	**raconter** 語る　　**oublier** 忘れる
se calmer 平静になる（calmer 落ち着かせる）	**du bruit** 物音
une porte ドア	**revenir** 戻る（現在形活用はvenirと同形）
Excusez-nous. すみません。（自分を許してほしいとき：Excusez-moi.）	

épreuve 6

Vladimirとmonsieur Lunettesが交わした言葉を解明せよ。

que 何を（qu'est-ce queの形だと主語と動詞を倒置しない。queのみだと倒置が起きる）			
penser 思う	**un(e) jeune** 若者	**la patience** 忍耐	**croire** 信じる、思う
espérer 希望する	**échouer** 失敗する	**partir** 出発する	**rentrer** 帰る
réussir 成功する			

croireの現在形活用

je crois	nous croyons
tu crois	vous croyez
il croit	ils croient
elle croit	elles croient

partirの現在形活用

je pars	nous partons
tu pars	vous partez
il part	ils partent
elle part	elles partent

espérerの現在形活用

j'espère	nous espérons
tu espères	vous espérez
il espère	ils espèrent
elle espère	elles espèrent

＊ penser, échouer, rentrer はer動詞。
réussirはir動詞。

（補足）

70～100までの数字を覚えろ。

70 **soixante-dix**	71 **soixante et onze**	72 **soixante-douze...**
80 **quatre-vingts**	81 **quatre-vingt-un(e)**	82 **quatre-vingt-deux...**
90 **quatre-vingt-dix**	91 **quatre-vingt-onze**	100 **cent**

Mission 6ではvieux, gris, tout, beauなどの形容詞が出てきた。これらの形容詞は、名詞の性・数に応じて形を変えるとき（性数一致するとき）、特別な複数形や女性形をとるものがあるので、まとめておこう。

1 特別な複数形の形容詞

　1) -sや-xで終わる形容詞の複数形は、不変

　2) -auで終わる形容詞の複数形は、-x

　3) -alで終わる形容詞の複数形は、-aux

> gri**s** ➡ gri**s**　　vieu**x** ➡ vieu**x**
> be**au** ➡ be**aux**
> ég**al**（平等な）➡ ég**aux**

2 特別な女性形を持つ形容詞

　1) -eで終わる形容詞の女性形は、不変

　2) 特別な女性形を持つ形容詞

> jeun**e**（若い）➡ jeun**e**
> bon ➡ bon**ne**　　blanc ➡ blan**che**
> heureu**x**（幸せな）➡ heureu**se**
> ch**er**（愛しい、高い）➡ ch**ère**

　3) 男性形で、母音で始まる名詞の前に置かれる特別な形（第二形）を持ち、そこから女性形を作る形容詞

> beau [bel] ➡ bel**le**
> nouveau [nouvel]（新しい）➡ nouvel**le**
> vieux [vieil] ➡ vieil**le**

> un beau garçon
> un bel arbre
> une belle maison

3 形容詞tout（すべての）の男性複数形はtousで、以下のような表現がある。

> tout le monde　　みんな
> tou**s** les jours　　毎日
> tout**e** la journée　　1日中
> tout**es** les heures　　1時間ごとに

Mission 6 で、君たちが身につけた奥義は以下のものである。

①近接未来 ②代名動詞 ③時刻の聞き方、答え方

④代名詞 on ⑤指示形容詞 ⑥特別な形を持つ形容詞

⑦venir, croire, partir, espérer の現在形活用 ⑧pourquoi と parce que

⑨70〜100までの数

君たちは師匠に出会うことができた。niveau 6の戦士になった。しかし、修行には忍耐が必要だ。第7のMissionでそれを身をもって知ることになる。

この冒険を続けますか？ ➡ つづける ☐ やめる ☐

WANO は何を話し合っているのか？　下の単語をヒントに読み解け。

chef リーダー	**dangereux / dangereuse** 危険な	**nous** われわれに
résister à 〜 〜に逆らう	**un ordre** 命令	**attendre** 待つ

直接目的語人称代名詞　＊母音の前で me, te, le, la は（ ）の形になる。

私を	君を	彼を	彼女を	私たちを	あなた （たち）を	彼ら・ 彼女らを
me（m'）	te（t'）	le（l'）	la（l'）	nous	vous	les

Il **la** connaît.　　　彼は彼女を知っている。

Je **l'**aime beaucoup.　私は彼（彼女）が大好きだ。

間接目的語人称代名詞　＊母音の前で me, te, は（ ）の形になる。

私に	君に	彼・彼女に	私たちに	あなた （たち）に	彼ら・ 彼女らに
me（m'）	te（t'）	lui	nous	vous	leur

Il **me** demande.　彼は私に尋ねる。

1 **動詞 connaître（知る）の現在形活用**を覚えろ。

je	connais	nous	connaissons
tu	connais	vous	connaissez
il	connaît	ils	connaissent
elle	connaît	elles	connaissent

2 **目的語人称代名詞**は、必ず動詞の直前に置かれる。下の例文を見よ。

1） 目的語人称代名詞は、**動詞の直前**にある。　　　Elle **le** cherche.

2） 否定文では、 目的語＋動詞 を1つのブロックと考えて ne と pas ではさめ。

　　　　　　　　　　　　　　　　　　　　　　　　　Elle ne le cherche pas.

3） 不定詞の目的語人称代名詞は、**不定詞の前**に置け。　Elle va **le** chercher.

une raison 理由	poser des questions 質問する	trop de あまりに多くの
arrêter つかまえる	avoir le droit 権利がある	car なぜなら　se taire 黙る

指示代名詞を的確に操り、WANO の誘惑から逃れよ。動詞 rendre をわが物にして、大切なものを奪い返せ。

1 動詞 rendre（返す）の現在形活用を、attendre とともに覚えろ。

rendre の現在形活用

je rends	nous rendons
tu rends	vous rendez
il rend	ils rendent
elle rend	elles rendent

attendre の現在形活用

j'attends	nous attendons
tu attends	vous attendez
il attend	ils attendent
elle attend	elles attendent

2 指示代名詞 celui は、指し示す名詞の性数によって形が変わる。

男性単数	男性複数	女性単数	女性複数
celui	ceux	celle	celles

Voici deux bracelets. Vous préférez celui-ci ou celui-là ?

ここに2つのブレスレットがある。あなたはこちらのほうが好きですか、それとも、そちらのほうが好きですか？

en or 金の　en argent 銀の	ou あるいは、または
un pendentif ペンダント	une bague 指輪

Au secours ! 助けて！　regarder 見る	un(e) adulte 大人
génial(e) すばらしい、おもしろい	un(e) gosse 子ども（enfant のくだけた言い方）
Il faut ～ ～が必要である（il は非人称）	fuir 逃げる

épreuve 5

方向を示す言葉を身につけ、子どもたちに導かれて敵の魔の手から逃れよ。

1 **動詞prendre（とる）の現在形活用**を覚えろ。

je	prends	nous	prenons
tu	prends	vous	prenez
il	prend	ils	prennent
elle	prend	elles	prennent

Elle **prend** son petit-déjeuner.　彼女は朝食をとる。

Nous **prenons** le bus.　私たちはバスに乗る。

2 **序数詞（〜番目の）**を知れ。

1er（1ère） premier（première）	**2ème** deuxième / second (e)	**3ème** troisième
4ème quatrième　**5ème** cinquième	**6ème** sixième　**7ème** septième	**8ème** huitième
9ème neuvième　**10ème** dixième	**11ème** onzième　**12ème** douzième...	
20ème vingtième　**21ème** vingt et unième...		

＊ **second(e)**は、2つしかないときの2番目をさす。

une rue 通り（un boulevard 大通り　une avenue 並木がある通り）

tout droit まっすぐに　　　**à droite** 右に　　　**à gauche** 左に　　　**continuer** 続ける

Mission **7** で、君たちが身につけた奥義は以下のものである。

①目的語人称代名詞　　　　②指示代名詞 **celui, celle, ceux, celles**

③動詞 **connaître, rendre, prendre** の現在形と **il faut 〜** の表現

④方向を表すことば　　　　⑤序数詞

- -

君たちは辛くも敵の手から逃れた。niveau 7の戦士になったが、敵の侮りがたい強さも知った。子どもたちや謎の女性に救われた君たちは、とても大切なものを学んだ。1人でできることには限界がある。大勢の仲間とともに歩めば、大きな力を得る。素直に自分の弱さと向き合い、第8のMissionに進め。師匠の教えを受けるのだ。

この冒険を続けますか？　➡　つづける ☐　やめる ☐

Mission 8

瞬発力を身につけろ！ 身体を鍛えるぞ！

> **reconnaître** 覚えている、わかる（現在形活用は connaître と同じ）

épreuve 1

« Γνῶθι σεαυτόν. » は、[gno-ti-se-o-tɔn] と発音する。フランス語表記は Gnôthi seauton。古代ギリシア
の格言で「汝自身を知れ」という意味だ。monsieur Lunettes があえてこの表現を使ったのは、たくさんの
言葉を知ることで人生が豊かになると教えたかったからだ。

1 ここでは、**Qu'est-ce que ça veut dire ?**（それはどういう意味だろう？）という言葉をしっかり身につけ
ろ。**Ça veut dire quoi ?** と言うこともできる。知識を広げる魔法の言葉だ。

2 **動詞 vouloir（〜したい）と dire（言う）の現在形活用**を暗記せよ。

vouloir の現在形活用			
je	veux	nous	voulons
tu	veux	vous	voulez
il	veut	ils	veulent
elle	veut	elles	veulent

dire の現在形活用			
je	dis	nous	disons
tu	dis	vous	dites
il	dit	ils	disent
elle	dit	elles	disent

> **une expression** 表現　　　　　　　　　　　　　　　**grec(que)** ギリシア（語）の
> **toi-même** 君自身（même は、名詞の前に置かれると「同じ」という意味になる。
> 　　　　　　　C'est la même chose. それは同じことだ。）
> **suivre** 後についていく、受ける（現在形活用は partir と同形）　　　**vaincre** 打ち勝つ

épreuve 2

読んで理解できただけでは、言葉を操れるようにはなれないぞ。言葉に反応してすぐに行動できるようにする
ために、瞬発力を鍛えろ！

絵と言葉を結びつけて覚えろ。

le visage	顔	les cheveux	髪の毛	les yeux（un œil）	目	le nez	鼻
les oreilles	耳	la bouche	口	les dents	歯	le corps	体
la tête	頭	les épaules	肩	le dos	背中	les bras	腕
les mains	手	le ventre	腹	les jambes	脚	les pieds	足

身体を動かしながら言葉を覚えろ。語学は体育だ！

s'asseoir（座る）**の現在形活用**

je	m'assieds	nous	nous asseyons
tu	t'assieds	vous	vous asseyez
il	s'assied	ils	s'asseyent
elle	s'assied	elles	s'asseyent

Assieds-toi !　　座れ！
Asseyez-vous !　座りなさい！

répéter　繰り返す（現在形活用は espérer と同形）	**un geste**　身振り

avoir mal à ~　~が痛い	**avoir soif**　のどが渇いた	**être fatigué(e)**　疲れた
＊ une potion は、体力回復のための液体状の薬だ。		

（補足）

自分の身体の調子を表す言葉を身につけろ。実感し、使って覚えるのが言葉の奥義だ!

J'ai faim.	お腹が空いた。	**J'ai soif.**	のどが渇いた。
J'ai sommeil.	眠い。	**J'ai froid.**	寒い。
J'ai chaud.	暑い。		
J'ai mal à la tête.	頭が痛い。	**J'ai mal à l'estomac.**	胃が痛い。
J'ai mal au ventre.	お腹が痛い。	**J'ai mal aux dents.**	歯が痛い。
Je suis fatigué(e).	疲れた。		

épreuve 6

近接過去形（〜したところだ）の表現を会得せよ。作り方は次のとおりだ。

> venir（現在形）＋ de ＋ 不定詞　　　Il **vient de** dîner.　　彼は夕食を食べたところだ。

* Il **vient** dîner. だと、「彼は夕食を食べに来る」という意味になる。

attraper つかまえる	**sauver** 救う
sur la place 広場で（surは「〜の上に」と言う意味で、事物の表面に接触している様子を表す）	

 （補足）

今まで君たちが身につけた動詞は以下のものである。
動詞を制する者は、フランス語を制する。以下のグループごとに制覇せよ。

1 **er動詞**（aimerなど）、および**er動詞で変形を起こすもの**（manger, commencer, appeler, lever, espérerなど）

2 **ir 動詞**（finir, obéir, choisir など）

3 **その他の動詞**（être, avoir, aller, faire, prendre, rendre, dire, partir, suivre, connaître, s'asseoir, vouloir, pouvoir, venir など）

Mission **8** で、君たちが身につけた奥義は以下のものである。

① vouloir, dire, s'asseoir の現在形活用　　②身体の部位に関する単語

③身体の調子を表す表現　　　　　　　　　　④近接過去形

- -

多様な言語を知る者は豊かな人生を歩むことができる。自分たちの住んでいる世界は、複雑で奥が深く、冒険に満ちたものであると知るであろう。その広大な世界へといざなう動詞を習得せよ。愛と勇気を持てば、動詞を得ようとする労苦もまた楽しみとなるだろう。君たちは niveau 8の戦士となった。第9のMissionへ進み、仲間を救い出せ。

この冒険を続けますか？　➡　つづける ☐　やめる ☐

Monsieur Croissant と子どもたちの運命は？ Masamune たちはどうすべきか、決断の時が来た。過去の表現を覚えて、これまでに起きたことを理解せよ。

1 **複合過去形**の奥義を会得せよ。複合過去形は、過去の１点で完了した出来事を現在によみがえらせる。過去はいま君たちの目の前に現れる。

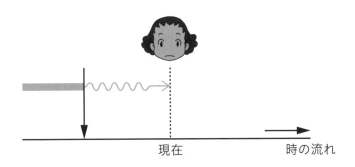

現在　　　　　　　時の流れ

1）複合過去形の作り方

> 助動詞（avoir か être）の現在形活用　＋　過去分詞

2）過去分詞

er動詞	-er ➡ -é	(aimer ➡ aimé	chanter ➡ chanté	manger ➡ mangé)
ir動詞	-ir ➡ -i	(finir ➡ fini	choisir ➡ choisi	obéir ➡ obéi)
その他の動詞	avoir ➡ eu être ➡ été		aller ➡ allé	faire ➡ fait
	dire ➡ dit rendre ➡ rendu		venir ➡ venu	prendre ➡ pris

3） 多くの動詞は複合過去形を作るとき、**助動詞 avoir** を用いる。être を用いる動詞については、

Mission 10 で伝授する。

Qu'est-ce que tu as fait hier ?
昨日何したの？

- J'ai regardé le match de football à la télé.
テレビでサッカーの試合を見たんだ。

Tu as trouvé Takeshi ?
タケシを見つけた？

- Oui, je l'ai trouvé.
うん、見つけたよ。

- Non, je ne l'ai pas trouvé.
いや、見つからなかった。

2 **devoir**（〜しなければならない）**の現在形活用**を覚えろ。

je dois	nous devons
tu dois	vous devez
il doit	ils doivent
elle doit	elles doivent

Je dois faire mes devoirs. 私は宿題をしなければならない。

---

entendu entendre「聞こえる」の過去分詞 　　**sauver** 救う、助ける

battre 打ち負かす（現在形活用はp.37「補足」を見よ）

Takeshiとは何者か。文を理解して見つけ出せ。

pouvoir（〜できる）**の現在形活用**を覚えろ。

je peux	nous pouvons
tu peux	vous pouvez
il peut	ils peuvent
elle peut	elles peuvent

Je peux vous aider ? 　　お手伝いしましょうか？

---

une idée 考え、アイデア 　　**aider** 手伝う、助ける 　　**souvent** よく、しばしば

peut-être 〜かもしれない 　　**le campus**（大学の）キャンパス

derrière 後ろに（devant 前に） 　　**le restaurant universitaire** 大学の学食

---

vraiment 本当に 　　**normalement** 普段は 　　**gentil(le)** 優しい 　　**si** もし

embêter うんざりさせる 　　**rapide** すばやい 　　**fidèle** 忠実な 　　**adorer** 大好きである

M1
M2
M3
M4
M5
M6
M7
M8
M9
M10
M11
M12
M13
M14
M15

中性代名詞 en と y は動詞の直前に置かれる。これらを使いこなせるようになれ。

1 **中性代名詞** en

　1） en は、前置詞 de に導かれる名詞に代わる。

　　　Tu as parlé de ce film **?**　　　　その映画のことを話したの？

　　　　- Oui, j'en **ai parlé.**　　　　うん、話したよ。

　　　　- Non, je n'en **ai pas parlé.**　　いいえ、話してないよ。

　2） 数量・部分を受ける en

　　　Vous avez des enfants **?**　　　　お子さまはいらっしゃいますか？

　　　　- Oui, j'en **ai** un [deux]**.**　　　はい、1人（2人）います。

　　　　- Non, je n'en **ai pas.**　　　　いいえ、いません。

　　　Tu as de la monnaie **?**　　　　　小銭を持っている？

　　　　- Oui, j'en **ai** beaucoup**.**　　　うん、たくさん持っているよ。

　　　　- Non, je n'en **ai pas** beaucoup**.**　いいや、あまり持っていない。

2 **中性代名詞** y

　中性代名詞 y は、前置詞 à および場所の前置詞に導かれる名詞に代わる。

　　　Tu vas à Paris **?**　　　　**- Oui, j'**y **vais.**　　　**- Non, je n'**y **vais pas.**

　　　Tu es chez toi **?**　　　　**- Oui, j'**y **suis.**　　　**- Non, je n'**y **suis pas.**

écouter 聞く	**attaquer** 攻撃する	**couper** 切る
avec ～を使って、～を用いて（手段・道具を表す）		**enfin** 最後に、ついに
prêt 準備のできた		

épreuve 4

学習した**複合過去形**を使いこなせ。

apprendre à＋不定詞 ～することを学ぶ、覚える　＊ appris は apprendre の過去分詞
se battre 戦う

1段目で1つの単語、2〜3段目でもう1つの単語ができる。合わせると励ましのメッセージになるぞ。

（補足）**battre**は、よく使われる動詞**mettre**（置く）と活用が同じだ。
mettreの現在形と過去分詞を覚えろ。

je	mets	nous	mettons
tu	mets	vous	mettez
il	met	ils	mettent
elle	met	elles	mettent

過去分詞 ➡ mis

Elle met du sucre dans son thé.
彼女は紅茶に砂糖を入れる。

Il a mis son manteau.
彼はコートを着た。

Mission 9 で、君たちが身につけた奥義は以下のものである。

①助動詞 avoir を用いる複合過去形　　②前置詞 devant と derrière

③動詞 devoir, pouvoir, mettre の現在形活用　　④中性代名詞 en と y

ここから君たちは、時を操るための修業を本格的に行うようになる。現在、過去、未来へ、言葉を操って自在に行き来する奥義を会得せよ。過去について、avoir を使った複合過去形の扱い方を覚えた君たちは、もう1つの奥義être を使う場合を習得しなければいけない。いまや君たちは中性代名詞を操ることができる。niveau 9の戦士の証だ。第10の Mission へ進み、複合過去形の完全な使い手となれ。

この冒険を続けますか？　➡　つづける ☐　やめる ☐

次の言葉を覚え、WANO の avertissement（警告）のビラに書かれている文章を理解しろ。

月曜日	火曜日	水曜日	木曜日	金曜日	土曜日	日曜日
lundi	mardi	mercredi	jeudi	vendredi	samedi	dimanche

先週	今週	来週
la semaine dernière	cette semaine	la semaine prochaine

先月	今月	来月
le mois dernier	ce mois-ci	le mois prochain

去年	今年	来年
l'année dernière	cette année	l'année prochaine

対決の時は近い。**曜日を確かめるための表現**を身につけよ。

On est quel jour aujourd'hui ?	今日は何曜日ですか？
- On est lundi.	月曜日です。
参考 : On est le combien aujourd'hui ?	今日は何日ですか？
- On est le 11.	11日です。

3日前	おととい	昨日	今日	明日	あさって	3日後
il y a 3 jours	avant-hier	hier	aujourd'hui	demain	après-demain	dans 3 jours

Les voilà. 彼らがいるぞ。（〈直接目的語人称代名詞＋voilà〉で「ここに〜がいる」と言う意味になる） **arriver** 到着する　　**savoir** 知る　　**un menteur / une menteuse** うそつき

1 複合過去形で助動詞 être をとる場合

複合過去形で助動詞 être をとるのは、次の2つの場合である。このとき過去分詞は、主語の性数に一致するのが普通である。

1）往来・発着・生死の意味を表す自動詞

aller 行く	**venir** 来る	**partir** 出発する	**arriver** 到着する
sortir 出かける	**rester** とどまる、いる	**revenir** 戻る	**rentrer** 帰る
retourner 戻る	**entrer** 入る	**monter** 登る	**descendre** 降りる
tomber 落ちる	**naître** 生まれる	**mourir** 死ぬ	

Il est parti.　Ils sont partis.　Elle est partie.　Elles sont parties.

2）代名動詞

Ce matin, je me suis levé(e) à six heures.　今朝、私は6時に起床した。

Hier, elle s'est couchée à onze heures.　昨日、彼女は11時に寝た。

2 **savoir の現在形活用**を覚えろ。

je	sais	nous	savons
tu	sais	vous	savez
il	sait	ils	savent
elle	sait	elles	savent

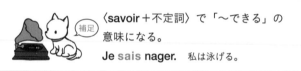

補足　〈savoir＋不定詞〉で「～できる」の意味になる。
Je sais nager.　私は泳げる。

épreuve 3

次の言葉を知り、**WANO** の野望を暴け。

l'ordre 秩序	**la paix** 平和	**seul(e)** 唯一の、～だけ
universel(le) 全世界的な、すべてに共通の	**utile** 役に立つ	**inutile** 役に立たない
un(e) autre 他の人(物)	**abandonner** 放棄する	**jamais** 絶対に嫌だ
la liberté 自由	**la diversité** 多様性	**avoir tort** 間違っている

épreuve 4

couper en deux 2つに切る	**faire＋不定詞** ～させる	**voler** 飛ぶ
rater 失敗する	**ne ～ jamais** 決して～しない	**une cible** 標的

épreuve 5

qui 誰が、誰を	**libérer** 自由にする	**envoyer** 送る	**à l'heure** 定刻に
en retard 遅れて			

Nous sommes envoyés **par Carotte.**

この文は**受動態**だ。

受動態は〈**être＋過去分詞＋（par あるいは de）〜**〉で作られる。このとき過去分詞は、主語に性数一致する。

par は動作の主体、de は感情・習慣・状態などを導く。

Ils sont guidés **par Vladimir.**　　彼らはウラジミールに導かれる。

Elle est aimé**e** **de tout le monde.**　彼女はみんなに愛されている。

Mission **10** で、君たちが身につけた奥義は以下のものである。

①「昨日・今日・明日・来週」等の言葉。曜日・日にちの聞き方と答え方

②助動詞 être を用いる複合過去形　　③動詞 savoir の現在形活用

④〈faire ＋不定詞〉の表現　　⑤受動態の表現

⑥疑問詞 qui

- -

君たちは Darcy 広場の戦いに勝利した。人を愛し、守りたいという気持ちが君たちを目覚めさせ、真の力を発揮するきっかけを与えたのだ。世界の多様性と自由を尊重する君たちは、niveau 10 の勇者となった。Dijon を WANO から取り戻した君たちは、いよいよ強大な敵 WANO の本部がある Paris を目指すのだ。さあ、第 11 の Mission に進め。

この冒険を続けますか？　➡　つづける ☐　やめる ☐

Monsieur Lunettes の演説を理解するための手引き。

travail は「仕事・勉強」という意味だ。他の単語（beau, fort, soif）は知っているはずだ。

être fier de ～ ～を誇らしく思う	**Certes, ～ mais** 確かに～だが
Il fait beau. 天気が良い。	**rendre ＋** 名詞 ＋ 形容詞 名詞 を 形容詞 にする
ensoleillé(e) 日が当たっている、晴れた、晴れやかな（le soleil 太陽）	
boire 飲む	**dehors** 外に（dedans 中に）
une minute 分	**Santé !** 乾杯！（la santé 健康）

1 **中性代名詞 le の用法**を理解せよ。

« mais nous **le** sommes aussi ! » の le は、fort を指す中性代名詞だ。**中性代名詞** le は、不定詞や文、節、属詞に代わる。

Ils n'aiment pas WANO. Je **le** sais.

Ils sont forts. Mais je **le** suis aussi.

補足

天気の聞き方と**天気を表す表現**を身につけろ。

Quel temps fait-il ? 天気はどうですか？
- Il fait mauvais. Il pleut. 天気は悪いです。雨が降っています。

移動手段の前におく前置詞は、**乗り物に乗るときはen**だ。ただし、**またがる乗り物を使うときと徒歩の場合は、à**を用いる。

>
> （補足）　un train（電車）と une voiture（車）以外の乗り物をまとめておこう。
>
> | | | |
> |---|---|---|
> | **un bus** バス | **un métro** 地下鉄 | **un tram** トラム |
> | **un avion** 飛行機 | **un bateau** 船 | **un vélo** 自転車 |

1 **地下鉄や電車を利用するときに、必要となる単語を覚えろ。**

> | | | |
> |---|---|---|
> | **une gare** 鉄道駅 | **une station** 地下鉄の駅 | **une ligne** 路線 |
> | **une direction** 方面（方向） | **une correspondance** 乗り換え、接続 | |
> | **descendre** 降りる（現在形活用は rendre と同形） | | |

2 外套を着た人々は何をささやいたのだろう。**une dame**（女性）、**une pièce**（硬貨）、**un manteau**（外套）以外の言葉は知っているはずだ。さあ思い出せ。

3 Владимирは、Vladimir の故郷の文字だ。Vladimir は、WANO たちに正体を見破られないようこの字を用いただけでなく、文字の美しさを Masamune たちに知らせたかったのだ。カードに書かれた言葉を読め。

« J'habitais » の habitais は、動詞 habiter の**半過去形**だ。
半過去形は**過去の状況や習慣的行為**を描写する。出来事の始まりと終わりは意識されない。君たちは過去の世界に導かれ、過去と対峙するのだ。

1）半過去形の概念図

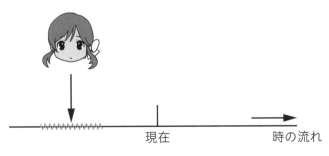

2）半過去形の活用

半過去形活用の語幹	＋	半過去形活用語尾	
（多くは**nous**の現在形活用から **-ons** を除いた部分）		-ais	-ions
		-ais	-iez
		-ait	-aient

aimer の半過去形活用

j'aimais	nous aimions
tu aimais	vous aimiez
il aimait	ils aimaient
elle aimait	elles aimaient

finir の半過去形活用

je finissais	nous finissions
tu finissais	vous finissiez
il finissait	ils finissaient
elle finissait	elles finissaient

* **avoir**の半過去形（J'avais ～）、**être**の半過去形（J'étais ～）など、特別な半過去形の語根を持つ動詞もあるので注意せよ。

un pays 国　　**différent(e)** さまざまな（名詞の前のとき）、異なる（名詞の後のとき）	
un peuple 民族　　**une culture** 文化	**cependant** しかしながら
disparu disparaître（消える）の過去分詞	**à cause de** ～のせいで　　**une guerre** 戦争
un(e) habitant(e) 住人	**devenu(e)** devenir（～になる）の過去分詞
agressif / aggressive 攻撃的な	**donc** それゆえ
me suis enfui s'enfuir（逃げる）の複合過去形	**perdu** perdre（～を失う）の過去分詞
la langue maternelle 母語	**une identité** アイデンティティ

contre ～に対して　　**protéger** 守る　　**autrefois** かつて、以前は	
maintenant 今は	

une voixは「声」という意味だ。声をそろえて**WANO**を倒せ。

Mission 11 で、君たちが身につけた奥義は以下のものである。

①**中性代名詞 le**　　　　②**天気の聞き方、言い方**

③**交通に関する単語**　　　④**交通手段を表す前置詞 en , à**

⑤**半過去形**

- -

君たちはVladimirと彼の仲間に出会うことができた。人の悲しみを分かち合うやさしさが、彼らに認められたのだ。君たちはniveau 11の勇者となった。第12のMissionに進み、仲間との連帯を深めよ。

この冒険を続けますか？　➡　つづける ☐　　やめる ☐

敵は Masamune たちを恐れているのか？ それとも、いまだにおごり高ぶり邪悪な野望を抱き続けているのか？
La tour des Étoiles で交わされた言葉を探るのだ。

---

bientôt まもなく　　　　**tant** それほど　　　　**tant mieux** それはよかった（tant pis それは残念）

l'action 行動、戦闘　　　**si** もし〜なら　　　**d'accord** 同意する、OK

punira punir（罰する）の単純未来形

---

1 **単純未来形**は、**未来の可能性や意志**などを表すために用いられる。主語が2人称**tu / vous**のとき、**軽い命令や依頼**を表すことができる。

1）単純未来形の活用

単純未来形活用の語幹　＋	単純未来形活用語尾	
（多くは不定詞の語末 **-r** 以下を除いたもの）	-r**ai**	-r**ons**
	-r**as**	-r**ez**
	-r**a**	-r**ont**

＊ 単純未来形活用語尾の一部は、〈**-r** ＋ **avoir**の現在形活用語尾〉であることに着目せよ。

aimer の単純未来形活用	
j'aime**rai**	nous aime**rons**
tu aime**ras**	vous aime**rez**
il aime**ra**	ils aime**ront**
elle aime**ra**	elles aime**ront**

finir の単純未来形活用	
je fini**rai**	nous fini**rons**
tu fini**ras**	vous fini**rez**
il fini**ra**	ils fini**ront**
elle fini**ra**	elles fini**ront**

＊ avoir, être, allerなどは特別な未来語幹を持つ。

avoir の単純未来形活用	
j'au**rai**	nous au**rons**
tu au**ras**	vous au**rez**
il au**ra**	ils au**ront**
elle au**ra**	elles au**ront**

être の単純未来形活用	
je se**rai**	nous se**rons**
tu se**ras**	vous se**rez**
il se**ra**	ils se**ront**
elle se**ra**	elles se**ront**

喜怒哀楽を示す言葉をかみしめ、敵の心を知り、わが心をも知れ。

en colère 怒っている	**triste** 悲しい	**jaloux / jalouse** ねたんでいる
déçu(e) 失望した	**content(e)** 満足している	**stressé(e)** ストレスがある

フランス語は、**料理や食事に関する言葉**が豊かである。おいしいものを食べて人生を楽しもう。

faire griller 〜 〜を焼く（faire 〜させる［使役］+ griller 焼ける）　＊faireの単純未来形語幹はfe-

faire cuire 煮る、焼く（cuire 煮える、焼ける）　　　　**une courgette** ズッキーニ

la semoule セモリナ粉、スムール　　**saler** 塩味をつける　　**poivrer** コショウを入れる

délicieux おいしい　　　　　　　　**voir** 見える、わかる（単純未来形語幹 ver-）

Au fait ところで　　　　　　　　　**une bouteille** 瓶

---

vu voirの過去分詞　　　**bu** boireの過去分詞　　　**un bain** お風呂

補足

ここで、**食事に関する言葉**や**レストランで使う表現**などを覚えておこう。

食器

une fourchette フォーク　　　**une cuillère** スプーン　　　**un couteau** ナイフ

une serviette ナプキン　　　**une nappe** テーブルクロス

調理に関する表現

préparer des légumes 野菜を下ごしらえする　　　**faire sauter** ソテーする

faire bouillir 沸かす、煮る　　　**faire chauffer de l'eau** 湯を沸かす

コース料理

une boisson 飲み物　　　**un apéritif** 食前酒　　　**un hors d'œuvre** 前菜

une entrée 前菜　　　**un plat** 料理、皿　　　**un dessert** デザート

調味料

la sauce ソース　　　**le sel** 塩　　　**le poivre** コショウ　　　**le sucre** 砂糖

食事の挨拶

Bon appétit ! 召し上がれ！（食事の前に言う。appétit 食欲）

C'est bon. おいしい。　　　**L'addition, s'il vous plaît.** 会計をお願いします。

関係代名詞 qui, que, dont, où は２つの文を１つに結ぶ接着剤のようなものだ。より複雑な情報を一度に伝えることができる。

1 quiは、先行詞が後続する従属節の主語となる。

Voilà **la fille**.　+　**La fille** cherche son chien.

➡ Voilà **la fille** qui cherche son chien.

2 queは、先行詞が後続する従属節の目的語となる。

Voilà **le garçon**.　+　Tu cherches **ce garçon**.

➡ Voilà **le garçon** que tu cherches.

3 dontは、先行詞が前置詞deを伴い従属節に関わる場合に用いられる。

Je viens de voir **l'actrice**.　+　On parle beaucoup **de cette actrice**.

➡ Je viens de voir **l'actrice** dont on parle beaucoup.

4 oùは、先行詞が従属節の場所や時を表す場合に用いられる。

Tu connais **la ville** ?　+　Nous allons habiter **dans cette ville**.

➡ Tu connais **la ville** où nous allons habiter ?

Tu te rappelles **ce jour-là** ?　+　Nous nous sommes rencontrés **ce jour-là**.

➡ Tu te rappelles **le jour** où nous nous sommes rencontrés ?

irons allerの単純未来形　　　**une tour** 塔　　　**une étoile** 星

vaincrons vaincre（打ち破る）の単純未来形

敵の大軍の数を把握するため、**100以上の数え方**を覚えろ。

100	200	320	1.000	1万	10万	100万
cent	deux cents	trois cent vingt	mille	dix mille	cent mille	un million

un soldat 兵士	**écraser** 粉砕する	**lancer** 開始する	**une opération** 作戦

une union 団結、同盟	**une force** 力	**L'union fait la force !** 団結は力だ！
toujours いつも	**motivé(e)** やる気がある	

épreuve 6

mêmeが形容詞の場合は「同じ」という意味になるが、この場合は副詞で「〜でさえ」という意味になる。**pendant**は「〜の間（時間）」を表す。それ以外の言葉はすでに会得しているはずだ。位置を表す言葉を思い出せ。

Mission 12 で、君たちが身につけた奥義は以下のものである。

①直説法単純未来形　　　　②おいしい料理を作るのに必要な表現
③関係代名詞 qui, que, dont, où　　　④100以上の数

- -

君たちは英気を養い、未来に希望を抱きつつ前進する。2つの言葉を1つにすることで、呪文の持つ力をますます大きくすることができる。いまや、niveau 12の勇者となった君たちは、いよいよ強大な敵と決戦の時を迎える。

この冒険を続けますか？　➡　つづける □　やめる □

La tour des Étoiles（星の塔）で何が起きようとしているのか？　読み解け。

une antenne アンテナ	**en construction** 建設中	**un serveur** サーバー
elle sera achevée achever（完成する）の受動態を単純未来形にしたもの		
contrôler 管理する	**pourra** pouvoirの単純未来形活用	**utiliser** 使用する
Internet インターネット	**ne pouvoir plus A que B** もうBしかAできない	
un projet 計画	**tout de suite** すぐに	**bizarre** 奇妙な
un bâtiment 建物	**ne 〜 aucun(e)** どんな〜もない	

答えの箇所に当たる会話をよく読み、正確に訳せば解読できるぞ。

どんな動詞も**現在分詞**にできるようにせよ。特殊なものはわずかだ。

> **現在分詞語幹**（多くは現在形活用の**nous**の語幹）　＋　**-ant**

aimer ➡ **aimant**　　　manger ➡ **mangeant**　　　finir ➡ **finissant**　　　venir ➡ **venant**
特別な現在分詞：être ➡ **étant**　　　avoir ➡ **ayant**　　　savoir ➡ **sachant**

> **tenir** つかむ、保つ（現在形活用はvenirと同形）

ここで用いられているのは**ジェロンディフ**だ。この奥義をものにせよ。

> **en ＋ 現在分詞**　　　＊同時性、原因、条件、対立 などを表す。

Il travaillait **en chantant.**　　　彼は歌いながら働いていた。
En me reposant, j'irai mieux.　休んだら、回復するだろう。

se coucher 寝る（coucher 寝かせる）		**un manuel** 教科書
un portable 携帯電話	**sauter** 跳ぶ	**vers** 〜のほうへ

補足

現在分詞は、他に次のような用法がある。

1) **形容詞的用法**

   Il regardait une jeune fille chant**ant** une chanson. 彼は歌を歌っている女の子を見つめていた。

2) **ジェロンディフ〔＝副詞的用法**（同時性、原因、条件、対立などを表す）**〕**

   Il marchait en pens**ant** à son fils. 彼は息子のことを考えながら歩いていた。

＊ジェロンディフの主語は、原則として**主動詞の主語**となる。

   J'ai rencontré Paul **en** descend**ant** du bus. 私はバスを降りたとき、ポールに出会った。

   cf. J'ai rencontré **Paul** descend**ant** du bus. 私は、バスを降りるポールに出会った。

épreuve 4

SarahをかばったMasamuneの運命は？　SarahはMasamuneに何を言おうとしたのだろう。下の手がかりをもとに読み解け。

Qu'est-ce qu'il y a ? どうしたの？	**C'est fini pour toi !** お前はもうおしまいだ！
pardonner 許す	**immobiliser** 動かなくする　　**rougir** 顔を赤らめる
tenir bon 持ちこたえる、がんばる	**ne 〜 rien** 何も〜ない
Ne meurs pas 死なないで（mourir〔死ぬ〕の否定命令文。現在形活用は次ページ「補足」）	
Ne t'inquiète pas 心配しないで（s'inquiéter〔心配する〕の否定命令文）　　**sans** 〜なしに	

épreuve 5

感嘆文は〈**Quel**＋名詞〉で表されるほか、次のような表現で表される。

Quel beau temps !　　**Qu'**il fait beau !　　**Comme** il fait beau !

une horreur 恐怖　　**un couple** カップル

un os 骨（単数形は-sを発音し、複数形は-sを発音しない）

フランス語で「建物の1階」は**rez-de-chaussée**という。**le premier étage**は日本の「2階」にあたる。ボスはどこにいる？

ayez avoirの命令法	**avoir pitié de 〜** 〜（人）を哀れに思う（la pitié 哀れみ）	
alors それでは	**être obligé de 〜** 〜せざるを得ない	**nettoyer** 掃除する
un problème 問題	**un ascenseur** エレベーター	**un bureau** オフィス
un étage 階	**la trentaine** 30代	**brun(e)** 褐色の
en général いつもは	**un costume** スーツ	**le ménage** 家事（faire le ménage 掃除をする）

Mission 13 で、君たちが身につけた奥義は以下のものである。

①現在分詞とジェロンディフの用法 　　②感嘆文

③建物の階の数え方

君たちはジェロンディフを使ってEndiveの罠を突破し、ついにEndiveからボスの居場所を聞き出した。niveau 13の勇者となりボスの居場所に迫る。だが、その前に隊長Carotteが待ち構えているぞ！

この冒険を続けますか？ ➡ つづける ☐ 　やめる ☐

Mission **14**

M1
M2
M3
M4
M5
M6
M7
M8
M9
M10
M11
M12
M13
M14
M15

ボスを倒そうと意気込む **Masamune** たち。だが、そこに **Carotte** が立ちふさがる。**Carotte** は手ごわいぞ。心してかかれ！

答えのニュアンスをしっかりつかんで反撃だ。

> **Jamais de la vie.** 絶対に嫌だ。   **bien sûr** もちろんだ

WANO のボス **Artichaut** は、**Masamune** たちに対して何をもくろんでいるのだろうか。奥義を身につけ彼の野望を暴け。

1 **所有代名詞**を身につけろ。所有代名詞は、「**〜のもの**」という意味を表す。指し示す名詞の性と数に応じて、次のような形になる。

	男性単数	女性単数	男性複数	女性複数
私のもの	le mien	la mienne	les miens	les miennes
君のもの	le tien	la tienne	les tiens	les tiennes
彼・彼女のもの	le sien	la sienne	les siens	les siennes
私たちのもの	le nôtre	la nôtre	les nôtres	les nôtres
あなた（たち）のもの	le vôtre	la vôtre	les vôtres	les vôtres
彼ら・彼女らのもの	le leur	la leur	les leurs	les leurs

Ma fille et la sienne vont à la même école. 私の娘と彼（彼女）の娘は同じ学校に通っている。

2 条件法現在形

1）条件法現在形の用法

（1）条件法現在形は、**現在の事実に反する仮定（もし〜なら）に対し、主節において推測（〜だろうに）**の意味で用いられる。

Si + 半過去形 もし〜なら	+	**主語 + 条件法現在形** 〜だろうに

S'il faisait beau aujourd'hui, je sortirais. もし今日天気が良ければ出かけるのに。

（2）単独で用いられ、**語気を和らげるなど、さまざまなニュアンス**を持つ。

Je voudrais deux croissants. クロワッサンを2個ください。

bienvenue ようこそ	**mériter de** 〜に値する	**unifier** 統一する
une décision 決定	**un homme** 人	

2）条件法現在形の活用

条件法現在形活用の語幹 （＝単純未来形活用の語幹） ＋ 条件法現在形活用語尾	-rais -rais -rait	-rions -riez -raient

* 条件法現在形の活用語尾は、〈r＋半過去形の活用語尾〉であることに着目せよ。

aimer の条件法現在形活用

j'aime**rais**	nous aime**rions**
tu aime**rais**	vous aime**riez**
il aime**rait**	ils aime**raient**
elle aime**rait**	elles aime**raient**

finir の条件法現在形活用

je fini**rais**	nous fini**rions**
tu fini**rais**	vous fini**riez**
il fini**rait**	ils fini**raient**
elle fini**rait**	elles fini**raient**

Artichaut はフランス語の動詞の活用（la conjugaison des verbes français）が嫌いなようだ。しっかり唱えて攻撃しろ。

je viens venir の現在形活用	**je verrai** voir の単純未来形
je voudrais vouloir の条件法現在形	**la conjugaison** 活用 **un verbe** 動詞

du poisson 魚	**une boulangerie** パン屋	**un stade** スタジアム
un hamburger ハンバーガー		

épreuve 5

horizontal(e) は「水平の」、vertical(e) は「垂直の」という意味だ。

（補足）

クロスワードを解くカギは、以下の単語だ。

A. 町と都市名に関する語

une capitale 首都　　**une ville** 市、街　　**un village** 村

Paris　　**Marseille**　　**Lyon**　　**Bordeaux**　　**Dijon**

B. 文の構造に関する語

sujet 主語　＋　verbe 動詞　＋　objet 目的語（＊1）

sujet 主語　＋　verbe 動詞　＋　attribut 属詞（＊2）

＊1．**complément d'objet direct**（直接目的補語）と**complément d'objet indirect**（間接目的補語）がある。
＊2．英語の補語に当たる。être に続く文の要素。

C. 四季に関する語

les quatre saisons 四季

le printemps 春　　**l'été** 夏　　**l'automne** 秋　　**l'hiver** 冬

D. 自然に関する語

une montagne 山　　**une colline** 丘　　**une plaine** 平野

une mer 海　　**une rivière** 川　　**un fleuve** 大河

E. その他

les devoirs 宿題　　**la liberté** 自由　　**l'égalité** 平等　　**la fraternité** 友愛

Mission **14** で、君たちが身につけた奥義は以下のものである。

①所有代名詞 　　　　　　②条件法現在形の活用と用法

君たちはCarotteの攻撃をかわして彼女を倒し、所有代名詞を見抜いてWANOの
ボスArtichautの野望を見抜き、誘惑に打ち勝って見事に戦った。君たちの前に
敵は敗れ去った。おめでとう！　君たちはniveau 14の勇者となった。勇者たちは
その後どのように未来を切り開くだろうか。

この冒険を続けますか？　➡　つづける ☐　やめる ☐

Sarah は、幼いころ母が聞かせてくれた歌を歌いだした。どのような内容だろうか？

hélas ああ	**en finir de ＋不定詞** やっと〜し終える	
un amandier アーモンドの木（春を告げる白い花を咲かせる）		
cesser 止める **fleurir** 花が咲く	**une nuit** 夜	**loin de 〜** 〜から遠く
rester 残る **lointain** 遠い	**un souvenir** 思い出	**une fête** 祝い、パーティー
près de 〜 〜の近くに	**reverrons** revoir（再会する）の単純未来形。活用はvoirと同形	
sous の下に	**partager** 分けあう	**du miel** ハチミツ
par-delà 〜の向こうに	**une forêt** 森	**les monts** 山脈
un cœur 心	**empli de 〜** 〜でいっぱいの	**l'espoir** 希望

épreuve 1

これまでの経験を振り返り、自分たちの得たものを確認しろ。

un marché aux puces 蚤の市	**grâce à** 〜のおかげで	**s'entraîner** トレーニングする
a été détruite 動詞détruire（破壊する）の受動態、複合過去形		**la peur** 恐怖
l'amitié 友情	**la joie** 喜び	**la surprise** 驚き

épreuve 2

次の単語をヒントに、Masamune たちの未来の姿を想像しろ。

tard 遅く **un(e) écrivain(e)** 小説家	**une expérience** 経験	
un cuisinier / une cuisinière 料理人	**entier** 全体の （le monde entier 世界中）	

Masamuneの言葉《 il faut que je retourne ～ 》のque以下で使われている動詞は、**接続法現在形**だ。この用法を会得せよ。

1 **接続法現在形の用法**

1) **craindre**（怖れる）、**douter**（疑う）、**vouloir**（欲する）、**souhaiter**（願う）など怖れ、疑念、願望などの主観的な感情を表す動詞の後の従属節で用いられる。

Elle veut que tu le saches.　彼女は君がそれを知ることを望んでいる。

2) **il faut que**（～する必要がある）、**pour que**（～するために）など、決まった表現で用いられる。

Il faut que tu partes tout de suite.　君はすぐ出発しなければならない。

2 **接続法現在形の活用**

接続法現在形の語幹	+	接続法現在形語尾（avoir / être を除く）	
（多くは**ils**の現在形から**-ent**を除いたもの）		-e	-ions
		-es	-iez
		-e	-ent

aimer の接続法現在形活用

que j'aime	que nous aimions
que tu aimes	que vous aimiez
qu'il aime	qu'ils aiment
qu'elle aime	qu'elles aiment

finir の接続法現在形活用

que je finisse	que nous finissions
que tu finisses	que vous finissiez
qu'il finisse	qu'ils finissent
qu'elle finisse	qu'elles finissent

être の接続法現在形活用

que je sois	que nous soyons
que tu sois	que vous soyez
qu'il soit	qu'ils soient
qu'elle soit	qu'elles soient

avoir の接続法現在形活用

que j'aie	que nous ayons
que tu aies	que vous ayez
qu'il ait	qu'ils aient
qu'elle ait	qu'elles aient

---

désormais 今後は　　**créer** 創造する、作る　　**un coup** 一撃

donner un coup de main à ～ ～に手を貸す　　**une œuvre** 作品

une œuvre d'art 芸術作品

次の単語を使ってVladimirに素敵な家をプレゼントしてくれ。

une salle de bain 風呂場	**des toilettes** トイレ	**une cuisine** キッチン
une chambre 寝室	**un salon** 居間	**une entrée** 入口
un escalier 階段	**un couloir** 廊下	**un jardin** 庭
une piscine プール	**un atelier** アトリエ、仕事場	**un garage** ガレージ
un bureau オフィス、書斎		

次の単語をヒントにVladimirのメッセージを理解し、メールを送れ。

un succès 成功	**ma dernière œuvre** 私の最新作	**curieux / curieuse** 好奇心の強い
courageux / courageuse 勇敢な	**su** savoirの過去分詞	**le sang-froid** 冷静
garder son sang-froid 冷静を保つ	**plein de** いっぱいの	**une phrase** 文章、言葉
comprendre 理解する（現在形活用はprendreと同形）		**ce que** 〜ところのもの
la gloire 栄光	**une mesure** 測定、限度	

* **Albert Camus** (1913-1960)：フランスの作家。代表作は『異邦人』、『ペスト』など。

Mission 15 で、君たちが身につけた奥義は以下のものである。

①接続法現在形の用法と活用　　②ce que による名詞節　　③家に関する単語

- -

君たちは試練に打ち勝ち、15のMissionをやり遂げた。フランス語の奥義を体得した君たちは、niveau 15の勇者となった。君たちのおかげで、より多くの人々が、美しく多様な言葉の世界の冒険に出かける希望と勇気を持つのだ。君たちはこれらの人々を導く者である。君たちは同時に、一層の高みに向かって挑戦を続けてほしい。君たちを手本に彼らが続くであろう。

この冒険を続けますか？　➡　つづける ☐　やめる ☐

Le chant de l'espoir 希望のうた

作詞 Marie-Noëlle BEAUVIEUX
作曲 深井陽介
編曲 西田麻希子

L'hiver hélas n'en finit plus de mourir
Et les amandiers ont cessé de fleurir
Ô nuit, si seule, loin de mon pays
Ne me reste que le lointain souvenir
Des fêtes de printemps près des miens

Nous nous reverrons sous les fleurs d'amandier
Partageant comme avant les gâteaux au miel
Par-delà les forêts, les monts et la mer
Nous chantons nos cœurs emplis d'espoir

ああ、終わりそうにない冬
アーモンドの花も枯れ
故郷遠くひとり
記憶のかけらをたどる
みんなと過ごした春まつり

あの木の下また会おう
思い出のお菓子分けあおう
森も山も海も越え
ひびけ希望のうた

Mais un jour le printemps devra revenir
Alors les amandiers devront refleurir
Ô nuit, de retour dans mon pays
Je n'aurai plus besoin de mes souvenirs
Puisqu'enfin, je serai près des miens

Nous nous reverrons sous les fleurs d'amandier
Partageant comme avant les gâteaux au miel
Par-delà les forêts, les monts et la mer
Nous chantons nos cœurs emplis d'espoir

きっといつか戻ってくる
アーモンドも咲き誇る
ああ、国に帰る日
もう思い出はいらない
家族に会えるから

あの木の下また会おう
思い出のお菓子分けあおう
森も山も海も越え
とどけ希望のうた